AF367422

Alejandro Ortiz Ramos

Rosario Teva Villén

José Lago Hidalgo

Evolución económica de los clubes españoles de fútbol

en los últimos 30 años

WANCEULEN Editorial

Título: Evolución económica de los clubes españoles de fútbol en los últimos 30 años

Autores: Alejandro Ortiz Ramos, Rosario Teva Villén, José Lago Hidalgo

Editorial: WANCEULEN EDITORIAL

ISBN (PAPEL): 978-84-19598-22-6

ISBN (EBOOK): 978-84-19598-23-3

Depósito Legal: SE 2366-2022

WANCEULEN S.L.
www.wanceuleneditorial.com y www.wanceulen.com
info@wanceuleneditorial.com

ÍNDICE

RESUMEN

El fútbol ha evolucionado desde una perspectiva de actividad de ocio para convertirse en una gran industria a nivel mundial. Bajo la esencia de juego y deporte capaz de generar sentimientos y pasiones de millones de hinchas en todo el mundo, el fútbol genera cada año cifras astronómicas de dinero. Si bien el crecimiento económico ha sido paulatino desde su origen, desde hace tres décadas se ha vuelto exponencial, alcanzando el 1,37% en el PIB y generando 185.000 puestos de trabajo mediante la profesionalización de los clubes deportivos y Sociedades Anónimas Deportivas (S.A.D.). A través de este libro, se analizará el crecimiento económico de los clubes españoles desde el año 1990 hasta el 2022; los hechos que lo han posibilitado y el cambio en el modelo económico que ha supuesto que los clubes se erijan como grandes empresas. Derechos televisivos, cambios normativos, derechos de imagen, impacto en el PIB, fair play, desigualdad entre los clubes grandes y pequeños o el límite salarial, son algunos de los aspectos analizados que permitirán comprender la realidad económica actual y hacia dónde se dirige el negocio del fútbol.

1. INTRODUCCIÓN

Hay una frase en el mundo del futbol que dice que "el fútbol es lo más importante de las cosas menos importantes". De dudosa autoría, unos dicen que fue Jorge Valdano, otros se la atribuyen a Arrigo Sacchi y sin una fecha clara, de lo que no hay duda es que el autor llevaba razón.

En pleno siglo XXI se puede convenir que el fútbol no es sólo un deporte, sino que es un fenómeno social, cultural, económico, político, solidario y pedagógico (Alcaide, 2009). Es difícil encontrar un sector donde no influya directa o indirectamente.

La frase con cierto tono despectivo de que el fútbol es un grupo de 22 personas dándole patadas y corriendo tras una pelota queda obsoleta y muy lejos de la realidad.

> "Un espectáculo al que asisten reyes, presidentes o ministros y que es televisado para que lo vean millones de personas, debe tener un profundo significado. No puede ser algo imbécil" (Jodorowsky, 2009).

Quizás haya sido el componente emocional y pasional que tiene lo que lo ha convertido en este fenómeno. O quizá sea el fácil acceso al que se tiene en la niñez y que creará un amor para siempre. Lo cierto es que en cualquier rincón del mundo se puede observar algún vínculo con el fútbol por lo que, aun manteniendo la esencia de juego y deporte universal, el fútbol también se ha convertido en un producto.

Si se echa la vista atrás algunas décadas, el fútbol ya era un deporte muy popular y practicado. Seguido por miles de aficionados en los estadios, muy jugado en las calles por niños y adultos, pero con una escasa comercialización y profesionalización. Apenas se televisaban partidos, casi no existía el marketing, los clubes tenían estructuras simples con muy pocos empleados y las cifras económicas que se manejaban estaban muy lejos de las actuales.

Pero todo esto cambió en las últimas tres décadas. El fútbol dejó de ser sólo un deporte para convertirse en una gran industria. "El fútbol es un producto que hay que saber vender cuidando el envoltorio" (Havelange, 1994). En estos términos definía al fútbol el que fuera presidente de la FIFA desde 1974 hasta 1998. Toda una declaración de intenciones ya que hoy, 28 años después, se puede afirmar que el fútbol se ha convertido en un fenómeno económico, teniendo un gran peso en el PIB de cada país.

Los clubes han pasado de ser entidades deportivas con pocas y sencillas fuentes de financiación a grandes empresas con complejas estructuras y con un elevado número de profesionales especializados que han incrementado exponencialmente sus vías de negocio.

Cada competición o cada partido es un acontecimiento social, un espectáculo que capta la atención de millones de personas, tiene un impacto económico muy alto en toda la ciudad, siendo incluso un reclamo turístico y creando empleo en muchos sectores.

Esta revisión narrativa trata de analizar el desarrollo de esta evolución, profundizando en los hechos que lo han posibilitado a través de datos contrastados.

Por tanto, este texto se centra en la transformación que han experimentado los clubes de la Liga de Fútbol Profesional en España durante las últimas tres décadas (1992 – 2022) desde una perspectiva general y teniendo en cuenta algunos elementos específicos.

2. MARCO TEÓRICO

A mediados del siglo XIX el deporte, entre ellos el fútbol, pasa de las Public Schools y universidades inglesas a las formas de ocio de las clases acomodadas (Pujadas, 2010).

La posterior industrialización del país inglés, posibilitó el ascenso de la clase media y a su vez de la clase trabajadora. Ésta, disponía de más tiempo libre y vacaciones y el deporte se convirtió en un sector clave de la industria del ocio en el siglo XX, dejando de ser esta materia privada de clases acomodadas (Pujadas, 2010).

Deportes como el criquet, el rugby y en especial el fútbol se convirtieron en potentes embajadores del estilo de vida británico por todo el mundo (Torrebadella y Vicente, 2017).

Esta industrialización y el desarrollo de las fábricas británicas de extracción de minerales les hizo llegar a Rio Tinto, Huelva. Allí, ingenieros ingleses crearon la compañía Rio Tinto Company Limited (RTC), encargada de la explotación de las minas. Los trabajadores ingleses de la compañía comenzaron a jugar al fútbol entre las jornadas de trabajo popularizando el deporte en la zona (Llopis, s.f).

Rápidamente la moda del fútbol se extendió por el territorio español debido a que representaba modernismo y distinción social que estimulaba a la pujante burguesía y a las clases medias españolas (Rivero y Sánchez, 2011).

Otra de las causas del aumento de la popularidad es su pronta penetración en las escuelas más elitistas del momento ya que se consideraba idóneo para actuar como dispositivo disciplinario (Torrebadella y Vicente, 2017). Pronto, el fútbol pasó de ser una práctica elitista y burguesa a convertirse en un deporte popular y de masas (Pérez y Torrebadella, 2017).

Poco a poco, la práctica del fútbol se convirtió en una forma de expresión de las clases populares y medias, un arraigo a su localidad e incluso una identificación social (Rivero, 2015).

También los medios de comunicación influyeron e influyen en la actualidad, en el desarrollo del fútbol difundiendo e informando sobre el sentido de esta práctica, contribuyendo a la masificación de la actividad (Ibarrola, 2018).

El deporte es una poderosa herramienta de igualdad y democratización. Todos tienen la oportunidad de competir y las condiciones de la competición será igual para todos (García, 1990).

En relación a cómo el fútbol es una herramienta de inclusión y una gran herramienta social algunos autores han afirmado:

> "Como todos los pobres, estábamos destinados a ser para otro, a no tener identidad salvo en los escasos rasgos culturales que podía conservar el barrio. La pelota nos rescataba de esa nada y sólo con la pelota podíamos saber qué éramos.

> Además, también la pelota nos acercaba a la belleza y a ese sentimiento de plenitud que produce. En definitiva, la pelota nos ataba más a la vida que cualquier otra cosa (Cappa, 1996)".

> "Fue tal el aumento de popularidad, que representaba un nuevo escenario de oportunidades económicas, comenzando la mercantilización del fútbol y del ocio deportivo (Pujadas y Santacana, 2001)".

En un primer momento, los clubes eran fundados por socios, que pagaban sus cuotas y tenían derecho a practicar el fútbol, pero poco a poco debido al auge del deporte, la presión por ganar para orgullo del pueblo o ciudad comprometía la participación de todos los socios en pros de los mejor dotados. Se pasó así a la contar con dos tipos de socios, los que tenían derecho a participar y los que tenían derecho a mirar. La competitividad aumentó y los clubes vecinos ofrecían jugar gratis a los mejores jugadores del club "enemigo" por lo que pronto se eximió del pago a los socios-jugadores. Fue entonces cuando llegó el profesionalismo, los clubes para reclutar a los mejores jugadores comenzaron a pagarles los desplazamientos, buscarles trabajo o pagarles los estudios y los empresarios vieron una oportunidad de ganar dinero. Contrataban jugadores para organizar bolos veraniegos que se rentabilizaban con el cobro de las entradas (Martialay, 1996).

Ya por los años 20, el fútbol forma parte de la oferta del ocio en España, compitiendo con otros espectáculos como el cine, el teatro y las corridas de toros (Ibarrola, 2018).

Comenzó entonces una rápida profesionalización y mercantilización del fútbol. Los clubes se convirtieron en rentables negocios que acabaron en manos de empresarios y la organización de los campeonatos recayó en manos de las federaciones (Martialay, 1996).

Numerosos autores analizan la entrada del deporte y el fútbol en España (Martialay, 1996), (Pujadas, 2010), (Ibarrola, 2018), (Llopis, s.f).

(Torrebadella y Vicente, 2017) lo hacen desde la perspectiva del fútbol como deporte escolar, (Pérez y

Torrebadella, 2017) desde la evolución de la preparación física en el fútbol y (Pujadas y Santacana, 2001) estudian la evolución de la mercantilización del ocio deportivo en España.

En la actualidad, la trascendencia e influencia del fútbol en nuestra sociedad es algo indudable.

Desde el punto de vista de un acontecimiento deportivo, un partido de fútbol de primera división es un gran evento al que asisten miles de personas y que además lo verán otros cientos de miles por televisión por lo que a nivel organizativo debe de suceder con las máximas garantías de éxito y con la casi absoluta seguridad de que se preverán todas las circunstancias que lo envuelven para que su desarrollo sea lo más perfecto posible (Ayora y García, 2004).

La entidad encargada de la organización será diferente según la competición.

En la actualidad, el fútbol considerado profesional, 1ª y 2ª División, está regido por la Liga de Fútbol Profesional (LFP) que actúa como patronal de los Clubes Deportivos y de las Sociedades Anónimas Deportivas (SAD) siendo de obligado cumplimiento por éstos el formar parte de la organización (París, 2003).

En el fútbol amateur, podemos distinguir a nivel organizativo dos niveles de competición. Una de ámbito estatal, donde es la Federación Española de Futbol (RFEF) la patronal y la encargada de organizar las competiciones y otra de ámbito regional y local donde esta función recae en las distintas Federaciones Autonómicas (RFEF, 2022). Se profundizará más adelante en las competiciones que les competen.

Los estudios se han centrado en el análisis del crecimiento de las competiciones y el aumento de sus ingresos (Deloitte, 2006, 2007, 2008, 2009 , 2010, 2011, 2012, 2013, 2014, 2015, 2016, 2017, 2018, 2019, 2020), el estudio de la evolución de los derechos de TV (Bonaut, 2010), (García y Alcolea, 2011), (Díaz, 2012), (Aguilar et al. 2017) y (Alcolea et al. 2019) y sobre las deudas, viabilidad y las finanzas de los clubes de fútbol (Gay de Liébana, 2009), (García, 2013), (González, 2013), (Gay de Liébana, 2016) y (Gilart, 2021).

Otros autores también analizaron el Fair Play Financiero (Martín, 2016), los planes de saneamiento del futbol español (García et al, 2016), los derechos de imagen (Palomar, 2001), (Delfín, 2011), (Zamora, 2018), o (Melgarejo, 2019) o su impacto económico (Espejo-Saavedra y Algarra, 2002), (Oworo, 2018) y (García, 2020).

Este compendio de estudios, datos y su evolución, revisados de forma individual junto con informes de estamentos, SAD y de clubes hará reflexionar sobre cómo y por qué ha cambiado la economía de los clubes en las últimas tres décadas pasando de un modelo sencillo a un modelo complejo donde se manejan cifras muy elevadas teniendo mucho impacto en la economía del país.

3. OBJETIVOS

La competición de la 1ª División Española se ha convertido en un referente mundial, no solo a nivel social sino también en lo económico. La Liga es la segunda competición de fútbol que más ingresos genera, sólo por detrás de la Premier League inglesa. Los clubes españoles son los más laureados a nivel europeo y sus modelos económicos son objeto de estudio de prestigiosas revistas como Deloitte, Funcas, Palco23 o Capital y estudios cómo el de Barajas y Rodríguez en 2010, *Spanish Football Clubs' Finances: Crisis and Player Salarie,* publicado en la revista International Journal of Sport Finance, el estudio de Blanco y Fornadell en 2006, *Real Madrid football club: A new model of business organization for sports clubs in Spain,* de la revista Global Bussines and Organizational Excellence.

El objetivo principal de este manual es analizar de forma general la evolución económica de los clubes españoles de primer nivel durante las últimas tres décadas. Para ello se estudiarán los cambios normativos y legislativos que han propiciado e influido en la adaptación de las estructuras económicas de los clubes.

También se analizará la evolución de los derechos de TV. Cómo el fútbol televisado pasó de ser una amenaza relativa a los ingresos de los clubes, a ser la principal fuente de ingresos.

Por último, se estudiará cómo ha cambiado y evolucionado el modelo económico de los clubes. Para ello se examinará cuáles son las principales fuentes de ingresos y gastos de los clubes en las distintas épocas analizadas.

4. METODOLOGÍA

Para el desarrollo de esta revisión narrativa, se ha realizado un análisis de la literatura escrita desde enero de 1990 hasta abril de 2022, identificando y analizando trabajos relacionados con la materia, especialmente artículos publicados en revistas, tesis, informes de organismos, conferencias, libros y artículos periodísticos.

La mayoría del contenido se ha obtenido de bases de datos fiables a las que tenemos acceso, como Academic Search Complete, SPORTDiscus, ERIC, laleydigital, Medline, Dialnet, Scopus y Web of Science. Se ha usado también Google Académico.

Como palabras clave se han usado; economía, futbol, clubes, desarrollo y evolución, con el operador boleano AND y limitando las fechas de búsqueda desde enero del año 1990 hasta abril de 2022.

Como criterios de selección se ha añadido texto completo y ordenado por relevancia.

La información económica de los clubes se ha obtenido de las cuentas anuales (CC. AA) registradas en el Registro Mercantil en el caso de las Sociedades Anónimas Deportivas (SAD) ya que estas deben de publicarse desde el año 2013 por la Ley 19/2013, de 9 de diciembre, de transparencia, acceso a la información pública y buen gobierno.

También se ha usado como fuente los informes de organismos públicos españoles como el Balance de la Situación Económica - Financiera del Fútbol Español (1999-2020) publicado anualmente por el Consejo Superior de

Deportes (CSD), y el informe Económico - Financiero del fútbol profesional (2018) publicado por la Liga de Fútbol Profesional (LFP).

Se han revisado los informes de la consultoría deportiva de Deloitte. Football Money League (2015, 2016, 2017, 2018, 2019, 2020, 2021 y 2022) y Annual Review of Football Finance (2016, 2017, 2018, 2019, 2020 y 2021), que, aunque tratan del Fútbol Europeo aportan datos importantes de clubes españoles que contrastan con los obtenidos por otras fuentes.

Además, se ha complementado la información con contenido recogido de otras fuentes primarias como libros y noticias obtenidas de en la base de datos de Dialnet y en distintas Biblioteca Virtuales de diferentes Universidades españolas.

Para poder situar el estudio en su contexto y facilitar su comprensión, esta revisión narrativa analiza la literatura existente, dividiendo en bloques el espacio temporal estudiado y en orden cronológico. Esto es vital para comprender y analizar los acontecimientos y hechos que han posibilitado el desarrollo de la evolución que es objeto del estudio.

El tiempo estudiado es de 32 años. Desde el año 1990 al año 2022. Se comienza con una breve explicación de la situación previa. Cabe recalcar que el número y la calidad de estudios es bastante menor a medida que nos alejamos del año 2022, por lo que la revisión se apoya en otras fuentes como libros, entrevistas o artículos de periódicos que han sido contrastadas para darle mayor fiabilidad a los datos y hechos.

Tabla 1

Etapas y hechos analizados

Espacio temporal	1990 - 2000	2000 - 2010	2010 - 2022
Hechos analizados	Ley de 10/1990. S.A.D. Fracaso plan de Saneamiento. Aumento ingresos TV Caso Bosman. Libre circulación UE (1995). "Guerra del Fútbol". Venta individual derechos TV (1996). Ley 21/1997 "Ley de Fútbol". Ley 13/1996. Derechos de Imagen. Modelo económico	Aumento de ingresos abonados y matchday Nuevas vías de ingresos. Desequilibrio competitivo Publicidad y comercialización Profesionalización Impacto, PIB Aumento de la deuda Ley General de Comunicación Audiovisual (2010) Modelo económico	Fair play financiero, deudas y fondos de inversión Límite salarial Real Decreto-Ley 5/2015. Derechos audiovisuales Evolución Premios competiciones 4 de Julio 2016 Fondo CVC (2021) Impacto socioeconómico Fuentes de ingresos y gastos. Modelo económico

Fuente: Elaboración propia

4.1 ESTAMENTOS REGULADORES DEL FÚTBOL ESPAÑOL

Existen tres estamentos que se encargan de cooperar en busca del desarrollo, el fomento y la promoción del futbol español; la Real Federación Española de Fútbol, la Liga de Fútbol Profesional y el Consejo Superior de Deportes.

4.1.1 Real Federación Española de Fútbol (RFEF)

Constituida en 1909, es el organismo rector del fútbol en España. Es una institución privada que se rige por la Ley10/1990, de 15 de octubre, del Deporte y por el Real Decreto 1825/1991, de 20 de diciembre, sobre Federaciones Deportivas Españolas y Registro de Asociaciones Deportivas.

Está formada por las Federaciones autonómicas, clubes, árbitros, futbolistas, entrenadores y la Liga de Fútbol Profesional (LFP) (Laseca, 2017).

Tiene ámbito nacional y gobierna, administra, gestiona y reglamenta el fútbol. También comercializa los derechos de TV de la Copa de S. M. el Rey y de la Supercopa de España (Laseca, 2017).

Se encarga de organizar las siguientes competiciones amateurs:

- 1ª RFEF (Dos grupos de 20 equipos a nivel nacional. Estableciéndose los grupos por cercanía o por comodidad en los desplazamientos).

  Temporada 2021/2022

  Grupo 1: Extremadura, Comunidad de Madrid, Castilla La Mancha, Castilla y León, Galicia, Cantabria, País Vasco y La Rioja.

Grupo 2: Andalucía, Albacete (Castilla La Mancha), Baleares, Cataluña, Andorra, Comunidad Valenciana, Murcia y Real Madrid Castilla (Madrid).

- 2ª RFEF (5 grupos de 18 equipos a nivel nacional. Al igual que en 1ª se establecen los grupos por cercanía o por comodidad de desplazamiento. Al ser más grupos, la división en comunidades autónomas es mayor y los desplazamientos son más cortos).

Temporada 2021/2022

Grupo 1: Galicia, Comunidad de Madrid, Asturias, Castilla y León.

Grupo 2: Navarra, País Vasco, Cantabria, La Rioja y Burgos (Castilla y León).

Grupo 3: Aragón, Islas Baleares, Cataluña, Numancia (Castilla y León).

Grupo 4: Andalucía, Islas Canarias, Extremadura y Ceuta.

Grupo 5: Comunidad Valenciana, Región de Murcia, Castilla La Mancha, Melilla y Granada B, Mancha Real y El Ejido (Andalucía).

- 3ª RFEF (18 grupos de 18 equipos a nivel regional. Los grupos se establecen por Comunidad Autónoma, incluso Andalucía se divide en Occidental y Oriental para así facilitar los desplazamientos y ahorrar en gastos).

Grupo 1: Galicia

Grupo 2: Asturias

Grupo 3: Cantabria

Grupo 4: País Vasco

Grupo 5: Cataluña

Grupo 6: Comunidad Valenciana

Grupo 7: Comunidad de Madrid

Grupo 8: Castilla y León

Grupo 9: Andalucía Oriental y Melilla

Grupo 10: Andalucía Occidental y Ceuta

Grupo 11: Islas Baleares

Grupo 12: Islas Canarias

Grupo 13: Región de Murcia

Grupo 14: Extremadura

Grupo 15: Navarra

Grupo 16: La Rioja

Grupo 17: Aragón

Grupo 18: Castilla La Mancha

4.1.2 Liga de Fútbol Profesional (LFP)

Es una asociación deportiva de ámbito privado y que según lo estipulado en los artículos 12 y 41 de la Ley 10/1990, de 15 de octubre, del Deporte, y 23 a 28 del Real Decreto 1835/1991, de 20 de diciembre, sobre Federaciones Deportivas Españolas y Registro de Asociaciones Deportivas debe estar integrada obligatoria y exclusivamente por todas las SAD y clubes de Primera y Segunda división que participan en competiciones oficiales de carácter profesional y ámbito estatal (LaLiga, 2022).

Tiene personalidad jurídica propia y goza de autonomía para su organización interna y funcionamiento respecto de la RFEF. Su función principal es organizar en coordinación con la RFEF y de acuerdo con los criterios del Consejo Superior de Deportes las competiciones de carácter profesional (LaLiga, 2022).

Son muchas las funciones, entre las que destacan:

- Controlar, tutelar y velar por la disciplina de sus afiliados, ejerciendo la potestad disciplinaria ante sus asociados.

- La explotación comercial de estas competiciones como la venta conjunta de los derechos audiovisuales y el derecho a la explotación de la utilización conjunta de los nombres, escudos, logotipos y colores oficiales de sus clubes afiliados (Laseca, 2017).

- Emitir informe previo sobre los proyectos de presupuesto de las SAD y clubes y supervisar su cumplimento una vez sean aprobados.

- Distribución de la recaudación y premios en las Apuestas Deportivas del Estado.

Entre las funciones coordinadas junto con la RFEF, se encuentran:

- Elaborar el calendario de las competiciones, determinar el número de equipos que la componen, acordar los criterios de ascensos y descensos y establecer el número de futbolistas profesionales cuya nacionalidad no corresponda a uno de los estados miembros de la Unión Europea que puedan ser contratados e inscritos por las SAD y Clubes.

4.1.3 Consejo Superior de Deportes (CSD)

El CSD está definido en la Ley 10/1990 de 15 de octubre, del Deporte como un organismo autónomo de carácter administrativo, a través del cual ejerce la actuación de la Administración del Estado en el ámbito del Deporte (CSD, 2022).

Fue creado mediante Real Decreto 2258/1977, de 27 de agosto y sus competencias están recogidas en la Ley 10/1990, de 15 de octubre, del Deporte (CSD, 2022)

4.2 ESTAMENTOS REGULADORES A NIVEL INTERNACIONAL

A nivel internacional existen dos estamentos, la Federation Internacionale de Football Association (FIFA) y la Union of European Football Associations (UEFA).

4.2.1 Federation Internacionale de Football Association (FIFA)

Es el estamento privado que gobierna las federaciones de fútbol en todo el mundo.

Se fundó en 1904, con sede en Zúrich. Forma parte del IFAB, organismo encargado de modificar las reglas del juego y se encarga de organizar la Copa Mundial de Fútbol cada cuatro años.

El objetivo principal de la FIFA es mejorar y promover el fútbol a nivel mundial, considerando su carácter universal, educativo y cultural.

La FIFA tiene afiliadas a seis confederaciones, divididas en continentes y que se encargan de dirigir y organizar sus propias competiciones.

Estas seis confederaciones son las siguientes:

- Unión Europea de Asociaciones de Fútbol (UEFA)
- Confederación de Fútbol de Norte, Centroamérica y el Caribe (CONCAFAF)

- Confederación Sudamericana de Fútbol (CONMEBOL o CSF)

- Confederación Africana de Fútbol (CAF)

- Confederación Asiática de Fútbol (AFC)

- Confederación de Fútbol de Oceanía (OFC)

Gráfica 1
Confederaciones mundiales de Fútbol

Fuente: (Álvaro Merino, 2020)

4.2.2 Union of European Football Associations (UEFA)

Fundada en 1954 y con sede en Nyon, la UEFA es una asociación que gobierna a 55 federaciones de Europa.

Se encarga de organizar competiciones de futbol europeos como la UEFA Champions League, UEFA Europa League, UEFA Conference Cup, Supercopa de Europa, la Eurocopa de Naciones y las eliminatorias europeas para la Copa Mundial de Fútbol.

También en el desarrollo económico por parte de los clubes, se encarga de controlar la gestión de los recursos, garantizando que cumplan una serie de normativas financieras para poder participar en sus competiciones. Así nació el Fair Play Financiero (FPF), que se analizará en profundidad más adelante.

4.3 CONTEXTUALIZACIÓN ANTES DE LOS AÑOS 90

La década de los 90 viene precedida por una profunda crisis económica en el futbol español. Los clubes, a diferencia de hoy, eran entidades deportivas cuyo modelo económico era simple y dependía principalmente del número de socios y de los patrocinadores. Podemos decir por tanto que los clubes tenían dos limitaciones importantes, la población que tuviese la ciudad y la capacidad del estadio (Castellanos y Sánchez 2007).

Cabe resaltar el hecho de que los clubes en esta época eran clubes deportivos.

Así, la antigua Ley 13/1980 de 31 de marzo General de la Cultura Física y del Deporte define a los clubes deportivos como "asociaciones privadas con personalidad jurídica y capacidad de obrar, cuyo exclusivo objetivo es el fomento y la práctica de la actividad física y deportiva sin ánimo de lucro" (BOE, 1980).

Pero esto difería en gran medida de la realidad de los clubes puesto que siendo el tratamiento legislativo de los Clubes de fútbol "amateur", en realidad se estaban convirtiendo en grandes empresas, gracias al aumento de los ingresos por derechos de TV y por publicidad que comenzaron a tener (Delgado, 2017).

Este desajuste entre esa profesionalización y su carácter "amateur" y no lucrativo, junto con la normalizada irresponsabilidad de sus dirigentes, producía un caos contable, con ausencias de pagos tributarios y de seguridad social, que provocó un aumento considerable de las deudas.

A finales de los años 80, la situación de los clubes de futbol era realmente insostenible (Delgado, 2017).

Resulta curioso que, a pesar del desarrollo económico de los clubes, las deudas de éstos cada vez eran mayores. Los principales motivos fueron un descenso en el número de asistentes a los estadios, debido a las nuevas formas de ocio de la época y especialmente a los partidos televisados, una inflación generalizada en traspasos y salarios y la acometida de las reformas de los estadios por parte de los clubes motivada por la celebración del Mundial de España en 1982 (García et al. 2016).

En un primer momento se intentó por parte del gobierno central poner remedio a esta preocupante situación y se proyectó el plan de ordenación y saneamiento elaborado junto con la LFP que intentaría saldar las deudas de los clubes que ascendían en el año 1989 a 26.000 millones de pesetas (156 millones de euros), de los cuales 16.500 millones de pesetas (99 millones de euros) correspondían a deuda pública (García et al. 2016).

En dicho plan, se cedía un porcentaje de las quinielas a los clubes a cambio de un mayor control económico por parte de la LFP y CSD.

Paralelamente, en los primeros años de la década de los 90 se estaba gestando la guerra de las cadenas de televisión por los derechos de retransmisión.

En un principio los clubes eran reacios a vender los derechos debido a las dudas de los clubes sobre los efectos negativos que la emisión de los partidos en abierto podía tener en la asistencia de los aficionados a los estadios, que representaba la principal fuente de financiación del futbol profesional (Martín, 2016).

Los ingresos que se obtenían por los derechos de retransmisión eran bajos, puesto que existía un monopolio por parte de la televisión pública TVE que no tenía la necesidad de luchar por los derechos de retransmisión ni las audiencias (Bonaut, 2010).

En el año 1986, se rompió el monopolio de TVE, y las cadenas autonómicas comenzaron a pagar hasta 60 millones de pesetas (360.000 €) por retransmitir entre 3 y 8 partidos (Martín, 2016).

Además, el 3 de mayo de 1988 se aprobaba la Ley 10/1988 de Televisión Privada en España, la cual habilitaba a tres canales privados, primero a Antena 3 y posteriormente a Telecinco y Canal Plus, los cuales podían optar a conseguir los derechos de retransmisión de partidos.

Tabla 2

Modelo económico de los clubes españoles antes de 1990

Objetivo principal: Obtener el mejor resultado deportivo posible			
Método: Fichando a los mejores jugadores y pagando sueldos elevados			
Consecuencia: Ingresos < Gastos = Gran endeudamiento			
Principales Ingresos	**Principales Gastos**	**Principales limitaciones**	**Obtención de liquidez**
1. Abonos	1. Fichajes jugadores	1. Población ciudad	1. Bancos
2. Venta de entradas	2. Salarios de jugadores	2. Capacidad del estadio	2. Admón. Pública
3. Venta de jugadores	3. Amortización de fichajes	3. Audiencia	
4. Publicidad y patrocinios	4. Gastos en infraestructuras		
5. Ayudas públicas	5. Gastos corrientes		
6. Derechos de TV			

Fuente: (Martín, 2016)

4.4 DÉCADA DE LOS 90

4.4.1 Ley 10/1990, de 15 de octubre, del deporte. Conversión de los Clubes Deportivos en Sociedades Anónimas Deportivas (SAD).

El momento más importante de la década de los 90 y que permitió cambiar el panorama del fútbol nacional para siempre, fue la aprobación por parte del gobierno central junto con la LFP y el CSD de la Ley del Deporte 10/1990.

Dicha ley obliga a los clubes a convertirse en SAD con la excepción de los clubes cuyos resultados hubiesen sido positivos desde 1985 hasta la fecha de entrada en vigor de la citada ley.

Solo 4 clubes cumplían con ese requisito, el Real Madrid CF, el FC. Barcelona, el Athletic Club de Bilbao y el Club Atlético Osasuna que continuaron funcionando como Clubes Deportivos y que aún lo son en la actualidad.

La Ley 10/1990, de 15 de octubre, del deporte, fue considerada un castigo y una forma de tener más control sobre la economía de los clubes con mayor endeudamiento, pero también escondía una injusticia. El tipo de gravamen que tenían los clubes deportivos era inferior al de las SAD, por lo que, con la nueva Ley, se introducía una ventaja fiscal en materia de impuesto de sociedades en favor de los cuatro clubes mencionados (Delgado, 2017).

Este mayor control y la obligación por convertirse en SAD, supuso graves problemas para muchos clubes, que o bien no pudieron realizar la conversión en SAD como el Real Murcia descendiendo a Segunda B o bien tuvieron muchos problemas económicos que repercutieron en lo deportivo, como fue el caso del descenso de categoría del CE Sabadell.

La falta de transparencia en la gestión y la ambigüedad en la responsabilidad de asumir esos gastos por parte de los dirigentes de los clubes deportivos motivó que se aprobara la Ley del Deporte 10/1990 con el objetivo de establecer una regulación sobre la estructura legal de los clubes españoles (Gil, 2018).

Con esta nueva regulación, se separa el deporte amateur del profesional, se obligaba a una mayor transparencia de la gestión ya que los resultados debían de ser publicados y la responsabilidad de los resultados económicos recaía sobre los accionistas.

Un punto importante de las medidas de control de la nueva Ley fue que cada club participante en la LFP, es decir Primera o Segunda División, debía presentar a la LFP un aval del 5% del presupuesto para posibles pérdidas. Así, en el verano de 1995, el Sevilla FC y el Real Club Celta de Vigo no lo hicieron o lo hicieron de manera irregular descendiendo automáticamente a Segunda División B. Esto supuso el ascenso inmediato a Primera División del Real Valladolid CF y del Albacete Balompié que ocuparon sus plazas.

Las protestas de las aficiones y la presión ejercida por los clubes y algunos medios de comunicación hicieron que la LFP se echase atrás y finalmente no se llevara a cabo el descenso, ampliándose así la Primera División a 22 equipos. Esto supuso una pérdida enorme de autoridad de la LFP y del CSD, lo que supuso enfrentarse en el futuro a problemas de esta casuística.

Otro punto importante de esta Ley y que produciría varios descensos administrativos, es que, para poder participar en una competición oficial de la LFP, es decir Primera o Segunda división, debía en primer lugar inscribirse en el registro de asociaciones, en segundo lugar, integrarse en la federación deportiva correspondiente y después constituirse como SAD (Pérez, 2014).

4.4.2 Fracaso del plan de saneamiento y aumento de ingresos por derechos de TV

El cumplimiento de los clubes, según lo previsto en la Ley del Deporte 10/90, estaba sujeta a un nuevo plan de saneamiento por parte del gobierno central.

Los clubes, al borde de la quiebra, en un primer momento fueron reacios al cambio, pero su situación les hacía dependientes de lograr ese segundo plan de saneamiento a cambio de convertirse en SAD (García et al, 2016).

El plan de saneamiento no sólo no funcionó, sino que agravó el problema. El aumento de ingresos por parte de los clubes, tanto por las quinielas como por publicidad y televisión fue utilizado para fichajes y sueldos más elevados tratando así de aumentar la competitividad primero entre los clubes españoles y también en Europa.

Tabla 3

Fichajes realizados por los clubes españoles y cantidad pagada en las temporadas 89/90 y 90/91

Jugador	Club	Temporada	Cantidad de traspaso
Ronald Koeman	FC BARCELONA	89/90	943 millones de pesetas (5,67 millones de €)
Gheorghe Gagi	REAL MADRID	90/91	715 millones de pesetas (4,30 millones de €)
Hristo Stoichkov	FC BARCELONA	90/91	500 millones de pesetas (3 millones €)

Jugador	Club	Temporada	Cantidad de traspaso
Michael Laudrup	FC BARCELONA	89/90	500 millones de pesetas (3 millones €)
Gerhard Rodax	ATLÉTICO DE MADRID	90/91	400 millones de pesetas (2,4 millones de €)
Dalian Atkinson	REAL SOCIEDAD	90/91	350 millones de pesetas (2,1 millones de €)
Iván Zamorano	SEVILLA FC	90/91	333 millones de pesetas (2 millones de €)
Robert Fernández	VALENCIA CF	90/91	300 millones de pesetas (1,8 millones de €)
Loren	ATHLETIC DE BILBAO	89/90	300 millones de pesetas (1,8 millones de €)
Javier Villarroya	REAL MADRID	90/91	300 millones de pesetas (1,8 millones de €)
Juan Esnáider	REAL MADRID	90/91	270 millones de pesetas (1,62 millones de €)
Oscar Ruggeri	REAL MADRID	89/90	270 millones de pesetas (1,62 millones de €)
Cuca	REAL VALLADOLID	90/91	250 millones de pesetas (1,5 millones de €)
Predrag Spasic	REAL MADRID	90/91	200 millones de pesetas (1,2 millones de €)

Fuente. (Elaboración propia con los datos de transfermarkt y escudos de resultados.com, 2022)

El incremento de los ingresos por los derechos de televisión fue una de las principales causas de este aumento en gastos para fichajes y sueldos.

Así, en julio de 1990 tanto el canal de pago Canal+ y la federación de televisiones autonómicas (FORTA) acordaron con la LFP, la emisión a través de las televisiones autonómicas, de un partido los sábados en abierto y con

Canal + un partido los domingos con señal codificada. El acuerdo fue por 8 años y un importe de 54.000 millones de pesetas (325 millones de euros) (Bonaut, 2010).

Los ingresos por derechos de televisión se multiplicaron por 5, pasando de ingresar 8 millones de euros en la temporada 1988/1989 a más de 40 millones de euros por temporada (Martín, 2016).

4.4.3 Caso Bosman. Libre circulación UE. Año 1995

Si bien en los primeros años después de la entrada en vigor de la Ley del Deporte 10/1990 se redujo el gasto en fichajes por parte de los clubes españoles, dos nuevos acontecimientos iban a desatar una revolución en el futbol europeo. La sentencia Bosman en 1995 y la venta individualizada de los derechos de televisión.

La sentencia Bosman, supuso la consideración del fútbol como una actividad económica que era aplicable a la libre circulación de personas, servicios y capitales.

Aparecían así dos categorías de futbolistas: los comunitarios y los no comunitarios. Los jugadores con el estatus de comunitarios dejaron de ser catalogados como extranjeros en los Estados de la Unión (Gil, 2002).

Con esto, los clubes pasaban de tener el cupo de tres jugadores no españoles en la plantilla a tener el cupo de tres jugadores no europeos en la plantilla. Esto supuso una verdadera revolución en el futbol español y los clubes se lanzaron a fichar a jugadores para mejorar sus plantillas, elevando así la inflación de los traspasos y los salarios de estos.

El gasto de los clubes por consiguiente aumentó significativamente y con ello de nuevo el endeudamiento.

4.4.4 "Guerra del Fútbol". Venta individualizada de los derechos de TV

Aunque en el verano de 1995 los clubes tuvieran la posibilidad de fichar a jugadores comunitarios, la economía de los clubes no era muy boyante. Esto cambió en el verano de 1996 cuando los derechos de TV se pudieron vender individualmente.

La denominada "guerra del fútbol" fue una lucha de los canales privados por los derechos de TV. Esto hizo que las cadenas y plataformas implicadas negociaran individualmente con los clubes para que cedieran sus derechos al mejor postor.

Así desde 1996 los clubes dejaron de negociar conjuntamente los derechos de retransmisión a través de la LFP, como habían hecho desde 1983, y pasaron a negociarlos de manera individual (Martín, 2016).

Esto supuso un aumento significativo de los ingresos de los clubes, que unido a la Ley Bosman, hizo que se incrementara de manera exponencial el número y el gasto en fichajes, con el fin de tener un mayor rendimiento deportivo.

Tabla 4

Comparativa en fichajes de la temporada 95/96 y 96/97

Temporada 95/96			Temporada 96/97		
Jugador	Club	Cantidad de traspaso	Jugador	Club	Cantidad de traspaso
Dejan Petkovic	REAL MADRID	1084 mill. de pesetas (6,50 mill. de €)	Ronaldo	FC BARCELONA	2500 mill. de pesetas (15 mill. de €)

Temporada 95/96			Temporada 96/97		
Jugador	Club	Cantidad de traspaso	Jugador	Club	Cantidad de traspaso
Meho Kodro	FC BARCELONA	917 mill. de pesetas (5,50 mill. €)	Rivaldo	DEPORTIVO DE LA CORUÑA	2000 mill. de pesetas (12 mill. de €)
Alfonso	REAL BETIS	600 mill. de pesetas (3,60 mill. €)	Flavio Conceicao	DEPORTIVO DE LA CORUÑA	1835 mill. de pesetas (11 mill. de €)
Juan Esnáider	REAL MADRID	600 mill. de pesetas (3,6 mill. de €)	Ariel Ortega	VALENCIA CF	1700 mill. de pesetas (10,20 mill. de €)
Pier	REAL BETIS	500 mill. de pesetas (3 mill. de €)	Finidi	REAL BETIS	1668 mill. de pesetas (10 mill. de €)
Robert Prosinecki	FC BARCELONA	500 mill. de pesetas (3 mill. de €)	Mijatovic	REAL MADRID	1500 mill. de pesetas (9 mill. de €)
Freddy Rincón	REAL MADRID	500 mill. de pesetas (3 mill. de €)	Ze Roberto	REAL MADRID	1500 mill. de pesetas (9 mill. de €)
Etxeberría	ATHLETIC DE BILBAO	500 mill. de pesetas (3 mill. de €)	Seedorf	REAL MADRID	1500 mill. de pesetas (9 mill. de €)
Jokanovic	CD TENERIFE	500 mill. de pesetas (3 mill. de €)	Kovacevic	REAL SOCIEDAD	1335 mill. de pesetas (8 mill. de €)
Ángel Cuellar	FC BARCELONA	500 mill. de pesetas (3 mill. de €)	Almeyda	SEVILLA FC	1284 mill. de pesetas (7,70 mill. de €)
Viola	VALENCIA CF	500 mill. de pesetas (3 mill. de €)	Vitor Bahía	FC BARCELONA	1084 mill. de pesetas (6,50 mill. de €)
Total	7041 mill. de pesetas (40,2 mill. de €)			17.920 mill. de pesetas (107,4 mill. de €)	

Fuente. Elaboración propia con los datos de transfermarkt y escudos de resultados.com, 2022

Como se puede observar en la tabla 4, el gasto de los clubes en los once principales traspasos de la temporada 95/96 fue de 40,2 millones de euros mientras que en la temporada 96/97 fue de 107,4 millones de euros, casi el triple.

Los distintos canales y plataformas privadas negociaban individualmente con los clubes, creando así una situación compleja en la que unos clubes acordaban con una plataforma y otros con otra quedando la televisión en abierto desplazada.

4.4.5 "Ley del Fútbol"

A raíz de esta situación, el gobierno aprobó la Ley 21/1997, de 3 de julio, reguladora de la Emisiones y Retransmisiones de Competiciones y Acontecimientos Deportivos denominada "Ley del Fútbol", cuyo objetivo fue controlar el monopolio sobre los derechos de televisión, creandose el concepto interés general obligando a emitir en abierto una serie de partidos (Bonaut, 2010).

En este momento comenzó la desigualdad de los clubes en los ingresos por derechos televisivos ya que Real Madrid y FC Barcelona eran los clubes que más audiencia tenían y los que generaban un mayor interés. Estos vendían sus derechos por un importe mucho mayor que el resto de los clubes, generando así una desigualdad importante en la competición.

4.4.6 Derechos de Imagen

Otro hecho importante en la década de los 90 y que va a cambiar el modelo económico de los clubes es la Ley 13/1996, de 30 de diciembre, de Medidas Fiscales, Administrativas y del Orden Social. En ella se establece que lo que percibe el futbolista profesional a través de una sociedad en concepto de derechos de imagen no puede superar el 15% de sus ingresos totales, por lo que el resto de las prestaciones, constituyen la gran parte de la remuneración del jugador (85%) (Melgarejo, 2019).

Esta nueva Ley vino a regular el descontrol que existía en los contratos de los jugadores con los clubes. En la época era común pagar un porcentaje en concepto de salario y otro porcentaje mayor en concepto de derechos de imagen. Se hacía a través de una sociedad del jugador y tenía ventajas fiscales tanto para el jugador como para el club ya que pagaban el 25% impuestos de sociedades y no el porcentaje en concepto de IRPF.

Un nuevo escenario se abría así para los clubes. Este mayor gasto que suponía los impuestos de los salarios de los futbolistas, lo iban a compensar precisamente con los derechos de imagen.

Con la globalización y con el aumento significativo del interés en los partidos televisados, los clubes observaron que los derechos de imagen individuales de los deportistas habían incrementado su valor (Nieto, 2016).

Los clubes comenzaron entonces a adquirir la explotación de la totalidad de los derechos de imagen individuales de los jugadores, que hasta la fecha solo se hacía del colectivo, del equipo, tratando así de generar más ingresos explotando la imagen de cada jugador (Nieto, 2016).

El marketing y el merchandising comenzaron a tener un gran protagonismo en la economía de los clubes, los futbolistas comenzaron a ser un producto al que sacar más rentabilidad, de modo que los clubes comenzaron a necesitar de profesionales especialistas en estas materias.

Se puede considerar que este es el inicio de la industrialización del futbol y de la gestión de los clubes como estructuras similares a las de las grandes empresas.

De nuevo los grandes clubes, con grandes y mediáticos jugadores sacaron provecho de esta situación. Las grandes marcas querían explotar la imagen de estos futbolistas pagando cantidades elevadas a sus clubes. Esto hará de nuevo que el precio y los salarios de jugadores con mercado mediático aumente, lo que repercutió directamente en los gastos de los grandes clubes, que vieron como una inversión el fichaje de las estrellas del momento.

A continuación, se presenta a modo de resumen el modelo económico de los clubes hasta el año 2000 y un ejemplo del porcentaje de ingresos de un club de primer nivel en la última temporada de la última década del siglo.

Tabla 5
Modelo económico de los clubes hasta el año 2000

Objetivo principal: Obtener el mejor resultado deportivo posible y generar ingresos.			
Método: Fichando a los mejores jugadores pagando sueldos elevados para generar audiencia y rentabilizarlos.			
Consecuencia: Ingresos < Gastos = Gran endeudamiento			
Principales Ingresos	**Principales Gastos**	**Principales limitaciones**	**Obtención de liquidez**
1. Abonos	1. Fichajes jugadores	1. Población ciudad	1. Bancos
2. Derechos TV	2. Salarios de jugadores	2. Capacidad del estadio	2. Admón. Pública
3. Competiciones	3. Amortización de fichajes	3. Audiencia	
4. Publicidad y Marketing	4. Gastos en infraestructuras		
5. Venta de jugadores	5. Gastos corrientes		

Fuente: (Martin, 2016)

Gráfica 2

Distribución en porcentaje de los ingresos del Real Madrid CF en la temporada 1999/2000

Fuente: Elaboración propia a partir de los datos de las cuentas anuales del Real Madrid CF

4.5 DÉCADA 2000-2010

La década de los 2000 terminó de cambiar el modelo que ya se intuía a finales de los 90.

Los derechos de televisión crecieron exponencialmente y pasaron a ser la principal fuente de ingresos de los clubes (Gay de Liébana, 2009). Esto volvió a producir una importante inflación en los traspasos y sueldos de los jugadores y los clubes se siguieron endeudando aún más. Otras fuentes de ingresos anteriormente menores como el merchandising y el marketing empezaron a desarrollarse y a tener mayor peso en los clubes, lo que produjo una rápida y amplia profesionalización de sus estructuras (Gómez y Opaso, 2008).

Además, aparecieron nuevas vías de ingresos como la explotación de los estadios e instalaciones o las giras veraniegas donde los grandes clubes como Real Madrid CF y FC Barcelona con grandes fichajes levantaron gran expectación a nivel mundial, expandiendo su marca y generando una gran cantidad de ingresos que hizo que se distanciaran aún más, a nivel presupuestario del resto (Ginesta, 2011).

También la publicidad y los patrocinios se dispararon, rentabilizando así los clubes la imagen de sus futbolistas y la suya propia.

Aun así, las deudas seguían aumentando debido a la falta de regulación en la gestión de los clubes.

4.5.1 Derechos de TV

A continuación se muestra la relevancia que año tras año va teniendo en los clubes deportivos los ingresos por derechos de retransmisión.

Gráfica 3

Evolución de los ingresos por derechos de TV de los clubes de 1ª División Española 2000-2010

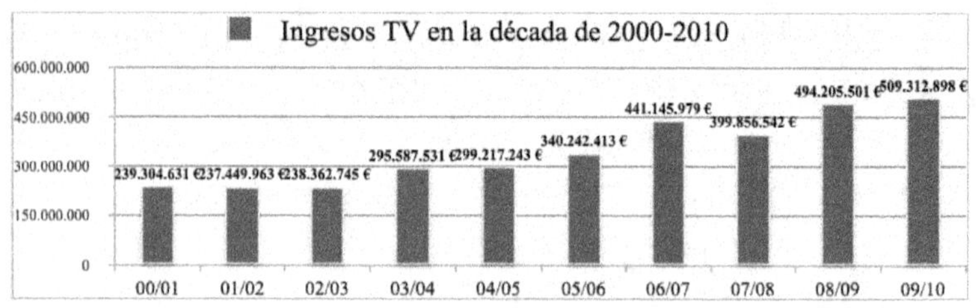

Fuente: Elaboración propia a partir de los datos del CSD y del Ministerio de Cultura y Deporte

Este aumento de los ingresos por los derechos de retransmisión generó aún más, una mayor desigualdad económica entre los clubes, ya que los derechos se vendían individualmente. Real Madrid CF y FC Barcelona se repartían el 40% de los ingresos en este concepto, dejando el 60% para el resto de los clubes (Díaz, 2019).

El importe que se pagaba a los clubes se regía por la demanda que generaban, pasando a ser este un factor determinante para la economía de los clubes. Estos se lanzaban a comprar mejores jugadores y más mediáticos, para generar, ese aumento de la demanda; lo que disparó el gasto en fichajes y sueldos elevados.

En la tabla 6 se puede observar la diferencia en la cantidad de dinero pagada por traspasos entre los clubes. Mientras Real Madrid CF y FC Barcelona podían incurrir en un gasto elevado en fichajes, el Valencia CF debía vender por una cantidad cercana a lo gastado, exceptuando la temporada 07/08, y el RCD Espanyol estaba obligado a vender para poder fichar e igualar ingresos y gastos.

Precisamente eran los grandes clubes los que aumentaban la deuda del futbol con las entidades bancarias y con hacienda. Ese nivel alto de generación de ingresos les daba un mayor acceso a créditos bancarios y aplazamientos de deuda principalmente con hacienda.

Cabe resaltar que a principio de la década, donde aún la diferencia no era tan elevada, el Valencia CF consiguió ganar dos ligas en las temporadas 01/02 y en la 03/04, mientras que el Real Madrid CF y el FC Barcelona consiguieron ganar 4 ligas cada uno.

Tabla 6

Comparativa de los gastos e ingresos por traspasos entre Real Madrid CF, FC Barcelona, Valencia CF y RCD Espanyol en millones de € del 2000 al 2010

Club Temporada	Real Madrid CF		FC Barcelona		Valencia CF		RCD Espanyol	
	Gastos	Ingresos	Gastos	Ingresos	Gastos	Ingresos	Gastos	Ingresos
00/01	121,95	65,55	82,40	74,80	64,70	61,25	0,6	3
01/02	77,50	0	95	37,31	33,55	52,00	0	17,97
02/03	45	8,20	19	11,55	0	1,5	11,27	0
03/04	37,50	32,80	43,85	2,90	8,50	4,50	3,2	0
04/05	58,70	9,25	78,50	14,75	40	8	3,05	0,19
05/06	89,50	43,10	0	11	24,81	13,90	15,63	6,1
06/07	103	15,35	31	13,20	49,80	20,83	2,83	0,45
07/08	118	42,40	68,50	14	72,15	7,60	5,1	6,85
08/09	82,20	71	96	54,59	6,60	11,30	14,30	18,6
09/10	258,50	88,50	113,50	24,50	5	20,63	5,8	8,15
Total	991,85	376,15	627,75	258,6	305,11	201,51	61,78	61,31
Balance	-615,7		-369,15		-103,6		-0,47	

Fuente: Elaboración propia a partir de los datos de transfermarkt (2022)

4.5.2 Abonados y Taquilla (Matchday)

Las dudas que en años anteriores tuvieron los dirigentes de los clubes ante la posibilidad de una importante bajada del número de abonados por la irrupción del fútbol televisado en España, no solo no ocurrió, sino que la demanda de abonados se disparó. Esto produjo un aumento del precio medio de los abonos de los clubes con el consecuente aumento en la recaudación. También se empezó a explotar los estadios para eventos no deportivos, museos del club, tiendas de merchandising o catering, que incrementaron los ingresos.

Gráfica 4

Evolución de ingresos por abonados y taquilla de 2000 al 2010

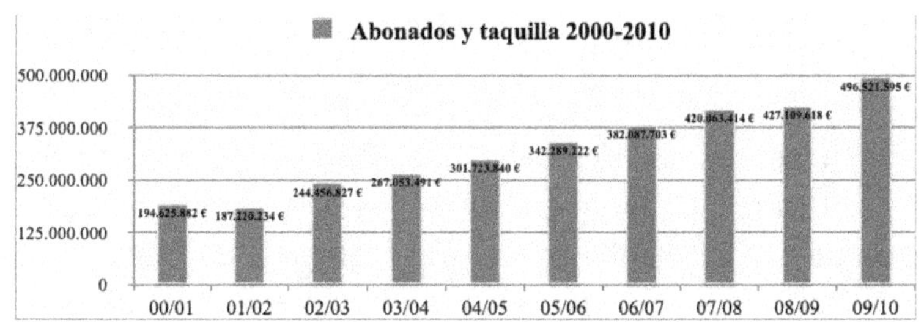

Fuente: Elaboración propia a partir de los datos del CSD y del Ministerio de Cultura y Deporte

Como se ve en la gráfica 4, después de un ligero descenso en la temporada 01/02, el aumento de los ingresos por abonos y taquilla fue progresivo durante la década analizada llegando a ser más del doble en la temporada 2009/2010 al de la temporada 2000/2001.

Además del aumento del precio de las entradas y abonos, esta evolución también se debio al impacto positivo de los ingresos derivados de la explotación de los estadios para eventos no deportivos, en algunos clubes (CSD, 2018).

4.5.3 Nuevas vías de ingresos. Desequilibrio competitivo de Real Madrid CF y FC Barcelona con el resto

La globalización experimentada en el mundo en esta década, posibilitó que los clubes explotarán nuevas vías de ingresos. Una de las más llamativas y que supuso un cambio radical en la puesta a punto de los equipos en pretemporada, fue las giras veraniegas por EE. UU, China, Japón o incluso Tailandia.

En su afán por extender su marca, buscar patrocinios en otros países y multiplicar los simpatizantes que comprasen productos de sus equipos, los clubes hipotecaron un período, que es demostrado como fundamental para el desarrollo de la temporada. La pretemporada es el período en el que más énfasis se pone en mejorar la aptitud física del jugador (Dupont et al., 2004).

En esta situación cabe destacar a dos clubes, Real Madrid CF y FC Barcelona que, al tener mayor capacidad económica, contrataron a mejores y más mediáticos jugadores con los que suscitan el interés de marcas y países, explotando su imagen y la de sus jugadores, y generando, por tanto, más ingresos.

Las giras internacionales representaron una fuente importante de ingresos para ambos clubes, en el que se incluían en la participación por cada partido, derechos televisivos, patrocinio y merchandising (Ginesta, 2011).

Además de disputar los partidos, durante las giras, el Futbol Club Barcelona tuvo una intensa actividad comercial, contactando con empresas multinacionales y en cadenas de televisión norteamericanas como la CNN, el ESPN, la FOX y la mexicana Univisión. Los fichajes del brasileño Ronaldinho y del mexicano Rafa Márquez hicieron que el interés del público americano aumentase (Memoria Anual, 2003-2004).

Tabla 7

Giras del FC Barcelona entre el verano de 2003 al 2009

FC Barcelona	Destino	Ingresos	Seguimiento medio en los estadios
2003	EE. UU (Boston, Washington y Philadelphia)	2 millones de €	60.700
2004	Japón (Tokio), Corea del Sur (Seúl) y China (Shanghái)	5,5 millones de €	43.600
2005	Japón (Tokio)	8,5 millones de €	57.500
2006	EE. UU (Los Ángeles, Houston y Nueva York) y México (Monterrey	3 millones de €	80.000
2007	Japón (Yokohama), China (Pequín) y Hong Kong	8,7 millones de €	35.300
2008	EE. UU (Nueva York y Chicago)	5,2 millones de €	40.000
2009	EE. UU (Los Ángeles, Seattle y Miami)	5,2 millones de €	90.000

Fuente: (Ginesta, 2011)

Tabla 8

Giras del Real Madrid CF entre el verano de 2003 al 2009

Real Madrid CF	Destino	ingresos	Seguimiento medio en los estadios
2003	China (Pequín), Japón (Tokio), Hong Kong y Tailandia (Bangkok)	8 millones de €	45.250
2004	Japón (Tokio)	14,8 millones de €	50.600
2005	EE. UU (Chicago y Los Ángeles), China (Pequín), Japón (Tokio) y Tailandia (Bangkok)	23 millones de €	41.000
2006	EE. UU (Utah y Seattle)	11,5 millones de €	55.500
2007	-	-	-
2008	-	-	-
2009	EE. UU (Washington) y Canadá (Toronto)	1,4 millones de €	55.500

Fuente: (Ginesta, 2011)

Además de los resultados deportivos, los fichajes de los "galácticos" Luis Figo (60 millones de €), Zidane (77,50 millones de €), Ronaldo Nazario (45 millones de €) y David Beckham (37,50 millones de €), hizo que el interés por todo lo relacionado con el Real Madrid aumentará significativamente.

El club aprovechaba la pretemporada para visitar distintos países, con un mercado amplio por explotar y jugar algún partido amistoso. La rentabilidad que generaba era muy alta ya que además de vender por todo el mundo la imagen de sus patrocinios, como Adidas, Bwin, Coca-Cola o Audi, los países peleaban por llevar al club a su territorio, pagando una gran cantidad de dinero.

4.5.4 Publicidad y comercialización

En este período, se produjo un desarrollo importante de la publicidad y la comercialización de los clubes.

La globalización y las nuevas tecnologías cobraron un papel fundamental puesto que en pocos años se pasó de un modelo de publicidad local, a un modelo de publicidad prácticamente mundial.

Los partidos de la liga española fueron televisados en muchos países. Esta repercusión y los fichajes de estrellas mundiales sirvieron como reclamo de las marcas, utilizando a los clubes para vender su imagen. Esto aumentó el volumen de ingresos, sobre todo de los grandes clubes que capitalizaron las inversiones de estas marcas.

Gráfica 5

Evolución de los ingresos por publicidad y comercialización del 2000 al 2010

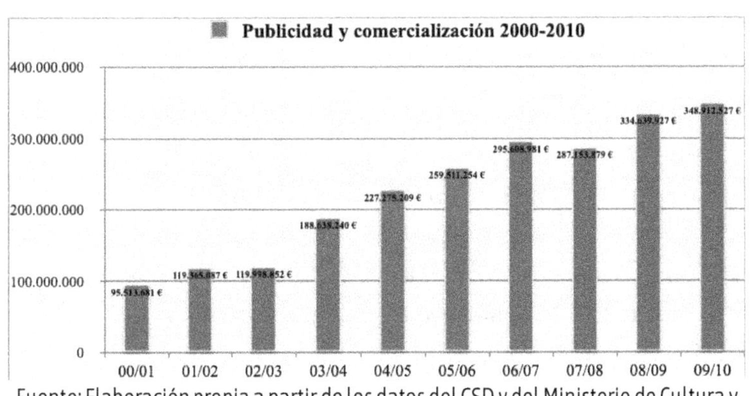

Fuente: Elaboración propia a partir de los datos del CSD y del Ministerio de Cultura y Deporte

Como muestra la gráfica 5, los ingresos aumentaron más del triple en estos 10 años. Aunque todos los clubes aumentaron sus ingresos, la mayor parte de este aumento correspondió a Real Madrid CF y FC Barcelona.

Tabla 9

Patrocinadores oficiales del Real Madrid CF y FC Barcelona en la temporada 2009-2010

Real Madrid CF	FC Barcelona
Bwin, Adidas, MMT Seguros, Mahou, Coca Cola, Audi, Sanitas, Solan de Cabras, Solaria y Comunidad de Madrid.	Nike, Audi, La Caixa, Turkish Airlines, TV3, Estrella Dam, Betfair, Coca Cola, Font dÒr, Gas Natural, Movistar y Assistència Sanitària.

Fuente: (Ginesta, 2011)

4.5.5 Profesionalización

El aumento de los ingresos y la creación de nuevas vías de negocio para los clubes hizo necesario el desarrollo y la inclusión en la estructura de profesionales especializados en las distintas áreas.

Debido a este desarrollo de la actividad comercial, los clubes necesitan de una estructura de profesionales cualificados, con funciones definidas y capaces de responder eficientemente a los clientes y al entorno (Gómez y Opaso, 2007).

Paralelamente, en el ámbito deportivo también se produjeron cambios. El juego evoluciona más rápidamente, la exigencia física es mayor, debido a un mayor ritmo en los partidos y a la acumulación de estos, debido entre otras, a la explotación de las competiciones por parte las distintas entidades y de la TV.

Esto provoca que los clubes incorporen un mayor número de profesionales al cuerpo técnico como preparadores físicos, fisioterapeutas, readaptadores, médicos, psicólogos o nutricionistas.

También se desarrolla otro aspecto que marcó en sus inicios una gran diferencia entre clubes, la Dirección Deportiva y el Scouting.

Los clubes tenían como principales activos a los jugadores y a través de la creación de una red de ojeadores o scouting, intentaban captar el talento al mejor precio posible.

Clubes como el Sevilla FC, son pioneros en el desarrollo de esta área que le ha permitido fichar a jugadores jóvenes a un precio asequible para después venderlos, generándoles grandes beneficios. Con dichos ingresos conseguían aumentar su presupuesto para volver a invertirlo en jugadores. Así fue como consiguieron acercarse a los grandes equipos e incluso a ganar títulos europeos, teniendo un presupuesto bastante inferior a los que habitualmente los conseguían.

Tabla 10

Plusvalías generadas por el Sevilla FC entre el 2000-2010 en millones de €

Principales Fichajes y Ventas del Sevilla FC entre 2000-2010					
Jugador	Fichaje	Temporada	Venta	Temporada	Plusvalía
Dani Alves	0,55	02/03	35,50	08/09	34,95
Julio Baptista	3,5	03/04	20	05/06	16,5
Adriano	2,10	04/05	9,50	10/11	7,40
Poulsen	0	06/07	9,75	08/09	9,75

Principales Fichajes y Ventas del Sevilla FC entre 2000-2010					
Jugador	Fichaje	Temporada	Venta	Temporada	Plusvalía
Seydu Keita	4	07/08	14	08/09	10
Total					78,6

Fuente: Elaboración propia a través de los datos de transfermarkt

4.5.6 Producto interior bruto (PIB)

Por tanto, en la década del 2000-2010 el fútbol en España se desarrolló por sí mismo como un sector económico más y los clubes empezaron a gestionarse como empresas ya que generaban a su alrededor mucha actividad económica tanto de forma directa e como indirecta.

El fútbol, en 2009, fue la decimoséptima economía mundial y en España representó el 1,7% del PIB. En torno al fútbol, se crearon 85.000 empleos directos e indirectos y su contribución a la economía alcanzó los 9.000 millones de euros (Deloitte, 2010).

El Real Madrid CF y el FC Barcelona ocuparon los dos primeros puestos en ingresos en la temporada 2009-2010 tanto en España como en Europa. Este flujo económico se debio principalmente por los altos ingresos generados por los derechos de TV, superándose por primera vez en la historia los 400 millones de € por parte del Real Madrid CF (Deloitte, 2010)

4.5.7 Deudas del futbol español

A pesar del incremento de los ingresos, el aumento de la deuda fue bastante mayor. Los clubes en esta década gastaban mucho más de lo que ingresaban y comprometían su viabilidad en una continua huida hacia adelante en busca de un mejor resultado deportivo.

Gráfica 6

Evolución de la deuda del fútbol español entre el año 2000 y 2010

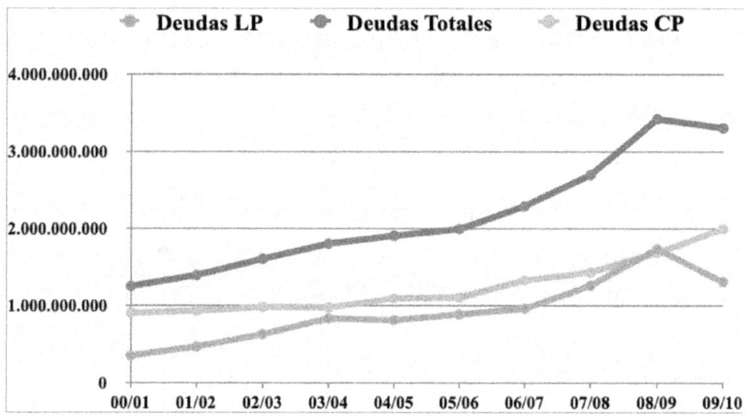

Fuente: Elaboración propia a partir de datos del CSD y del Ministerio de Cultura y Deporte

En la gráfica se puede ver la evolución de la deuda de los clubes en la primera década del siglo XXI. Vemos un continuo aumento con un incremento notable de la deuda a largo plazo y la deuda total, sobre todo, en las temporadas 07/08 y 08/09. La última temporada analizada en este apartado se produce un ligero descenso en la que se analizará si es tendencia o algo puntual.

4.5.8 Ley General de Comunicación Audiovisual (2010)

Debido al caos vivido en los últimos años de la primera década del siglo XXI, por parte de las distintas cadenas y plataformas de televisión en su "guerra" por obtener los derechos televisivos de los clubes, se aprobó la Ley 7/2010, de 31 de marzo General de la Comunicación Audiovisual que por primera vez regulaba el tiempo y la forma en la que se debían gestionar los derechos futbolísticos. Esta ley establecía un período de cuatro años como el máximo para establecer los contratos.

Además, esta nueva norma, trataba de controlar una lucha que duraba más de 40 años y que demostraba la extrema importancia del fútbol en la programación televisiva española (Bonaut, 2010).

De modo que se trató de controlar la lucha entre las propias plataformas y cadenas, y el desorden causado entre los clubes, que firmaban contratos elevados tanto en tiempo como en dinero, generando así posibles problemas futuros de difícil solución.

A continuación, se presenta a modo de resumen el modelo económico de los clubes hasta el año 2010 y un ejemplo del porcentaje de ingresos de un club de primer nivel en la última temporada de la última década del siglo

Tabla 11

Modelo económico de los clubes hasta el año 2010

Objetivo principal: Obtener el mejor resultado deportivo posible y generar ingresos			
Método: Fichando a los mejores jugadores pagando sueldos elevados para generar audiencia y rentabilizarlos mediante derechos de tv y marketing			
Consecuencia: Ingresos por TV < Gastos en Salarios = Mayor endeudamiento			
Principales Ingresos	**Principales Gastos**	**Principales limitaciones**	**Obtención de liquidez**
1. Derechos de TV	1. Salarios jugadores	1. Audiencia TV	1. Bancos
2. Publicidad y patrocinios	2. Amortización fichajes	2. Repercusión	2. Admón. Pública
3. Abonos y matchday	3. Infraestructuras	3. Población / Ciudad	
4. Merchandising	4. Gastos corrientes	4. Capacidad del Estadio	
5. Venta de jugadores			

Fuente: (Martin, 2016)

Gráfica 7

Distribución en porcentaje de los ingresos del Real Madrid CF en la temporada 2009/2010

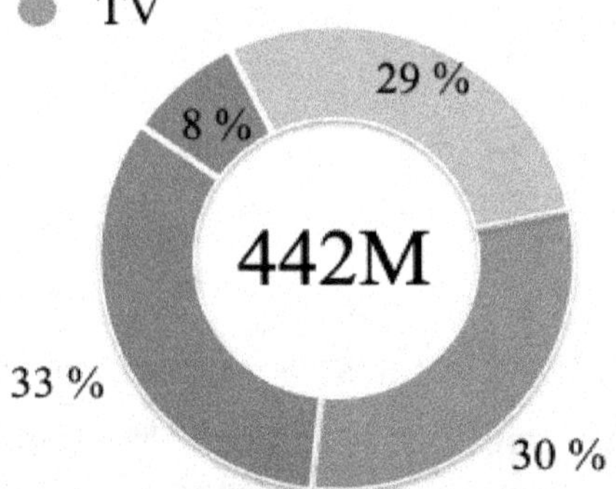

Fuente: Elaboración propia a partir de los datos de las cuentas anuales de Real Madrid CF

4.6 DÉCADA 2010 - 2022

La situación de los clubes en el año 2010 era cuanto menos preocupante. Como se ha podido ver, las deudas eran muy elevadas y nadie hacía nada para evitarlo. La inflación generada de sueldos y fichajes ahogaban a los clubes que en su afán por competir y generar audiencia. Incurrían en unos gastos que la mayoría de las ocasiones superaban a los ingresos por lo que la situación general del fútbol solo podía ir a peor.

4.6.1 Fair Play Financiero, Deudas y Fondos de Inversión

Ante esta situación, y para intentar aliviar los problemas y dificultades económicas que tenían los clubes, la UEFA en 2009, aprobó la normativa del Fair Play

Financiero (FFP). En ella, los clubes europeos debían implantar medidas tanto económicas como deportivas para evitar problemas a medio y largo plazo (Zamora, 2013).

Se creó el Reglamento de Licencias de Clubes y Juego Limpio Financiero en 2010, entrando en vigor en la temporada 2011/2012 (Fernández, 2018).

Entre las principales normas del Fair Play Financiero según (Fernández, 2018) están:

- Para poder participar en las competiciones organizadas por la UEFA, los clubes clasificados no podrán tener deudas con otros clubes, sus jugadores o con autoridades tributarias.

- La ratio ingresos/gastos ha de ser positiva.

La aplicación de este reglamento fue progresiva. Hasta la temporada 2014/2015 se permitió un saldo negativo de 45 millones, siendo para las siguientes temporadas de 30 millones.

En caso de incumplimiento, se sancionará primero con advertencias, amonestaciones, retención de ingresos y, en última instancia, se procederá a la expulsión de la competición (Fernández, 2018).

A nivel nacional es la LFP y en concreto, el Comité de Control Económico, fue el encargado de que se cumpliese lo estipulado en el Fair Play Financiero (FPF).

Los principales objetivos del FPF según (Fernández, 2018) eran:

— Mejorar a nivel financiero a los clubes, aumentando su transparencia para garantizar su viabilidad y sostenibilidad en el largo plazo.

- Crear una disciplina económica a los clubes, asegurando que se cumplan las obligaciones con jugadores, seguridad social y agencia tributaria y resto de clubes.

- Fomentar la capacidad de los clubes para desarrollar sus propias capacidades de generar ingresos, para poder así, aumentar sus gastos.

La LFP cuenta con un Reglamento de Control Económico de los Clubes y Sociedades Anónimas Deportivas afiliados a la LFP. Entre sus principales normas están:

- Presentar las cuentas anuales antes del 30 de noviembre de cada año.

- Presentar los estados financieros intermedios a 31 de diciembre de cada año

- La obligación de no tener deudas a 31 de diciembre con otros clubes ni con jugadores y/o empleados.

- Estar al corriente de pagos con las administraciones públicas a 31 de diciembre de cada año.

- Equilibrio económico. No superar en gastos de la primera plantilla el 70% de los ingresos.

Los primeros 5 años en las que se aplicó el FFP hubo un cumplimiento general de los clubes. La deuda del futbol español se estabilizó y aunque de manera leve se redujo. Pero en la temporada 2015/2016 de nuevo comenzó a aumentar el nivel de deuda, hasta llegar a la deuda de 5.678 millones de € (palco23, 2021).

Aunque la deuda total de los clubes subió durante los últimos años, hay que destacar que las deudas que han crecido son las privadas y además, el incremento de la misma, se ha concentrado en un número reducido de clubes (CSD, 2021).

Por tanto, el endeudamiento público ha disminuido bastante respecto a la temporada anterior (CSD, 2020), manteniendose el gasto en fichajes y salarios se lleva la mayor parte del presupuesto de los clubes.

Gráfica 8

Evolución de la deuda del fútbol español entre el año 2010 y 2020

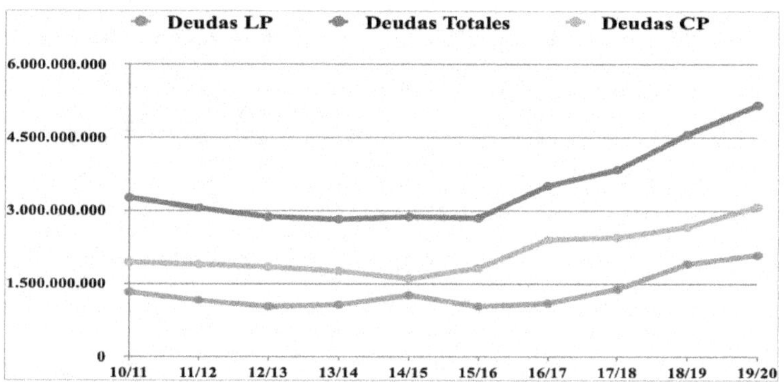

Fuente: Elaboración propia a partir de datos del CSD y del Ministerio de Cultura y Deporte

Gráfica 9

Evolución de la deuda de los clubes según su naturaleza

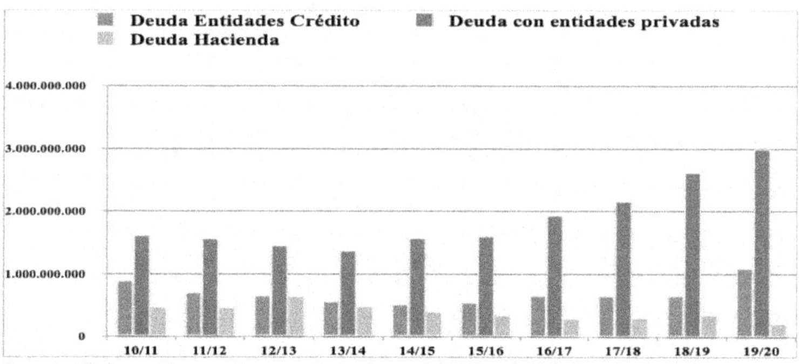

Fuente: Elaboración propia a partir de datos del CSD y del Ministerio de Cultura y Deporte

En los últimos años, se ha visto como ante la imposibilidad de acceder a créditos bancarios, debido a las restricciones, los clubes han acudido a entes privados, como los fondos de inversión, para poder seguir acometiendo más gasto y seguir financiando su política de fichajes (Pérez y Cañizares, 2016).

El negocio para estos fondos reside en la plusvalía que puede generar el traspaso de un jugador. Para ello, un fondo, financia el fichaje, y compra los derechos económicos del jugador; aspecto que con anterioridad venían haciendo los clubes (Pérez y Cañizares, 2016).

También es preciso explicar que la deuda con entidades de crédito ha subido estos últimos años en los clubes de fútbol, debido al lanzamiento por parte del Estado de los créditos ICO; los cuales pretenden para paliar la crisis y la disminución de los ingresos motivada por la pandemia del Covid-19.

4.6.2 Límite salarial

Una de las medidas que implementó la LFP acorde a la norma del Fair Play Financiero impuesto por la UEFA fue el límite salarial. Esta se llevó a cabo en la temporada 2013/2014.

Este límite corresponde al coste máximo de plantilla que cada club/SAD puede consumir durante la temporada. Este límite es revisado tras el mercado de verano y tras el mercado de invierno e incluye, los honorarios de los jugadores, primer entrenador, segundo entrenador y preparador físico del primer equipo (LFP, 2022).

En concreto, los conceptos que se incluyen en el límite de coste de plantilla deportiva son:

Salarios fijos y variables, seguridad social, primas colectivas, gastos de adquisición (incluidas comisiones para agentes) y amortizaciones (importe de compra de los jugadores imputado anualmente en función del número de años de contrato del jugador) (LFP, 2022).

Cada club o SAD propone a la LFP su límite de coste de la plantilla, siendo el órgano de validación de la LFP el encargado de aprobar o rectificar el importe (LFP, 2022).

El club puede solicitar el límite que crea conveniente para cubrir su presupuesto siempre que no supere el límite máximo. Puede darse la circunstancia que el club no consuma el presupuesto que se ha fijado, siempre por debajo del límite máximo. (LFP, 2022).

4.6.3 Real Decreto-Ley 5/2015. "Ley del fútbol por televisión".

Si bien los derechos audiovisuales se convirtieron en la principal fuente de ingresos de los clubes, también fue para la mayoría su mayor limitación deportiva. Se ha comprobado cómo hasta la fecha los grandes clubes españoles se aprovecharon de la venta individualizada de los derechos de televisión para crear una desigualdad económica tan grande que se reflejaba en lo deportivo. Salvo sorpresa, la competición de la liga española terminaría con Real Madrid CF y FC Barcelona en las dos primeras posiciones y con una diferencia importante de puntos respecto a los demás.

Tan sólo el Atlético de Madrid ha conseguido recortar esa distancia incluso en alguna temporada, superarles, como en la temporada 2013/2014 y esta última 2020/2021 que se proclamó campeón.

Esta desigualdad económica se intentó paliar con el Real Decreto-Ley 5/2015. En él se estableció un régimen de venta conjunta de los derechos de televisión del Campeonato Nacional de Liga, la Copa de S.M el Rey y la Supercopa de España.

La distribución pasó a ser:

- El 83% de los ingresos totales se repartirán entre los clubes de 1ª División.

    - De esos ingresos, el 50% se reparte a partes iguales entre los 20 clubes.

    El resto se reparte:

    - Un 25% en función de los resultados deportivos de las ultimas 5 temporadas.

    - El 25% restante, según el criterio de implantación social. Refiriéndose a lo recaudado por cada club en abonos, taquilla y la contribución de este a generar recursos de transmisión audiovisual.

- 10% a los clubes de 2ª División.

- 3,5% a un fondo de compensación para los clubes que descienden a 2ªA y 2ªB.

- 1% a la LFP para la promoción internacional de la competición.

- 0,5% a la Asociación de Futbolistas Españoles (AFE).

- 1% al CSD para ayudar a los deportistas de alto a su inserción laboral.

- 1% a la RFEF para comercializar la final de Copa y la Supercopa de España.

Con este nuevo reparto se consiguió una mayor igualdad, aunque la mayoría de los clubes siguieron quejándose ya que los grandes no vieron afectados sus ingresos. La primera temporada de aplicación de esta nueva ley fue la 2016/2017.

Tabla 12

Comparativa venta individualizada / venta conjunta de los Derechos de TV. Cantidad ingresada por cada club en millones de €

2014/2015 (Individual)		2015/2016 (individual)		2016/2017 (Conjunta)	
Club	Ingreso	Club	Ingreso	Club	Ingreso
FC Barcelona	138	FC Barcelona	140	FC Barcelona	152,5
Real Madrid CF	138	Real Madrid CF	140	Real Madrid CF	145
Valencia CF	48	At. Madrid	67	At. Madrid	102
At. Madrid	42	Valencia CF	62	Valencia CF	90,5
Sevilla FC	35	Sevilla FC	55	Sevilla FC	77
Villarreal CF	33,8	Athletic Club	49	Athletic Club	73
Athletic Club	32,5	Villarreal CF	45	R.Sociedad	60
Málaga CF	28	R.Sociedad	45	Villarreal CF	54
R.Sociedad	25	Málaga CF	41	Málaga CF	52
Levante	23,5	Espanyol	34,9	Espanyol	52
Espanyol	22,9	Levante	34	Levante	50
Celta	22	Celta	33	Real Betis	47
Getafe	21	Real Betis **	33	Celta	46
Rayo	19	Getafe	32	Rayo	46
Elche *	18,6	Rayo	32	Getafe	45
Granada CF	18,5	Granada CF	30	Granada CF	45
Deportivo	18,5	Deportivo	30	Deportivo	44
Córdoba *	17,5	Eibar	28	Sporting	43
Almería *	16,9	Sporting **	26	Eibar	41
Eibar	15,3	Las Palmas **	25	Las Palmas	40
Total	734	Total	981,9	Total	1305

*Descendieron esa temporada   **Ascendieron esa temporada

Fuente: Elaboración propia a partir de los datos de Matilla, A (2016).

Se puede observar en la tabla la diferencia entre la venta individualizada y la venta centralizada. En la que los clubes más importantes, salieron beneficiados con la venta centralizada.

Tabla 13
Porcentajes del 25% del total de los Derechos de TV en función del resultado deportivo

Posición	Porcentaje	Posición	Porcentaje
		11°	2,5
1°	15,45	12°	2,27
2°	13,64	13°	2,05
3°	11,82	14°	1,82
4°	8,18	15°	1,59
5°	6,36	16°	1,36
6°	5,23	17°	1,14
7°	4,55	18°	0,91
8°	3,86	19°	0,68
9°	3,18	20°	0,45
10°	2,73	Total	100 %

Fuente: Elaboración propia a partir de los datos de la LFP

El importe total de los derechos audiovisuales ha seguido aumentando su cuantía hasta alcanzar los 1444,7 millones de € en la temporada 2020/2021 consolidándose como se verá más adelante como la principal fuente de ingresos de la mayoría los clubes del fútbol español.

Tabla 14

Reparto de los Derechos de TV en la temporada 2020/2021

2020/2021 (Venta Conjunta)	
Club	Ingreso
FC Barcelona	165,6
Real Madrid CF	163
At. Madrid	130,1
Sevilla FC	84,2
Valencia CF	73,3
Villarreal CF	73,3
Athletic Club	72,2
R.Sociedad	66,4
Real Betis	59,5
Getafe CF	58,5
Celta	53,3
Granada CF	52,5
Eibar	51,8
Alaves	51,1
Levante	50,3
Osasuna	49,7
Real Valladolid	48,5
Elche CF	47,3
Cadiz CF	47,3
Huesca	46,8
Total	**1444,7**

Fuente: Elaboración propia a partir de los datos de (LaLiga, 2021).

4.6.4 Evolución de los premios por competiciones

En este período, otra vía de ingresos, con una evolución muy significativa, es la de los premios por competiciones. Así, los equipos que consiguen clasificarse para competiciones europeas, además de recibir un importe mayor de la LFP, debido al porcentaje correspondiente de los derechos de TV, consiguen importantes emolumentos por participar en la competición.

Es por esto por lo que resulta determinante para un club clasificarse de forma regular para competición europea. El potencial de crecimiento será mucho mayor ya que la diferencia de ingresos con el resto de los clubes será importante.

Tabla 15

Evolución de los premios por competición en Competiciones Europeas

Uefa Champions League				
Concepto	2014/2015	2015/2016	2016/2018	2018/2021
Fase de grupos	8,6	12,0	13,0	15,3
Victoria	1,0	1,5	2,0	2,7
Empate	0,5	0,5	1,0	0,9
Octavos de Final	3,5	5,5	6,0	9,5
Cuartos de Final	3,9	6,0	7,0	10,5
Semifinales	4,9	7,0	8,0	12,0
Subcampeón	6,5	10,5	11,0	15,0
Campeón	10,5	15,0	16,0	19,0

Uefa Europa League			
Concepto	2014/2015	2015/2018	2018/2021
Fase de grupos	1,3	2,4	2,9
Victoria	0,2	0,4	0,6
Empate	0,1	0,1	0,2
Dieciseisavos	0,2	0,5	0,5
Octavos de Final	0,4	0,8	1,1
Cuartos de Final	0,5	1,0	1,5
Semifinales	1,0	1,5	2,4
Subcampeón	2,5	3,5	4,5
Campeón	5,0	6,5	8,5

Supercopa de Europa		
Concepto	2014/2015	2020/2021
Subcampeón	3,0	3,5
Campeón	4,0	4,5

Mundial de Clubes		
Concepto	2014/2015	2020/2021
Participante	1,0 millón de $	1,0 millón de $
Cuarto clasificado	2,0 millones de $	2,0 millones de $
Tercer clasificado	2,5 millones de $	3,0 millones de $
Subcampeón	3,7 millones de $	4,0 millones de $
Campeón	5,0 millones de $	5,0 millones de $

Fuente: Elaboración propia a partir de los datos de diario AS, SPORT y Uría, R. (2021) en Goal.com

Desde el año 2020, la Supercopa de España se celebra en Arabia Saudí. Este país paga a la RFEF una cantidad de dinero en función de los participantes. En la última edición pagó 40 millones de €, de los cuales 20 millones son para el futbol modesto.

El resto, 12,5 millones se repartieron Real Madrid CF y FC Barcelona, mientras que el At. Madrid ingresó 4,5 millones y el Athletic Club 2,5 millones (La Razón, 2022).

4.6.5 Decisión (UE) 2016/2391 de la comisión de 4 de Julio de 2016

Recordemos que la Ley del Deporte 10/1990 obligó a los clubes deportivos a convertirse en SAD, a excepción de 4 clubes que por sus supuestos buenos resultados económicos siguieron funcionando como Clubes Deportivos sin ánimo de lucro. Real Madrid CF, FC Barcelona, Athletic Club de Bilbao y Club Atlético Osasuna. Dicha cuestión escondía una ventaja impositiva, ya que el artículo 28, apartado 2, de la Ley del Impuesto sobre Sociedades dispone que los clubes exentos, en su calidad de entidades sin fines lucrativos, tributarán por sus ingresos comerciales a un tipo reducido del 25 % en lugar de al tipo general del 30 % (que era del 35 % hasta 2006 y del 32,5 % en 2007) (Decisión (UE) 2016,2391).

Esta diferenciación favoreció selectivamente a los cuatro clubes por lo que, con esta nueva normativa, se pone fin al trato selectivo y se les insta a devolver las cantidades que hubiesen pagado si hubieran tenido la forma jurídica de sociedad anónima deportiva, a partir del ejercicio fiscal de 2000 (Decisión (UE) 2016,2391).

Cabe destacar que el gobierno aprobó el anteproyecto de Ley del Deporte a finales del 2021 en el cual se anula la condición indispensable de conversión en SAD de los clubes de fútbol para formar parte y competir en categoría profesional (1ª y 2ª División).

La posible nueva Ley del Deporte también suprimirá el aval mínimo que en la actualidad corresponde al 15% del presupuesto a las juntas Directivas de los Clubes Deportivos, es decir a los 4 que no son SAD (CSD, 2021).

4.6.6 Fondo CVC Capital Partners

Como se ha visto anteriormente, los fondos de inversión han cobrado en los últimos años relevancia en el mundo del fútbol. Así, clubes sin liquidez o sin capacidad de acometer algún fichaje, acceden a ellos como parte de la financiación a cambio de un porcentaje en futuros traspasos o en derechos de imagen.

Especial mención merece el fondo británico CVC que no ha comprado derechos de jugadores, sino el 8,2% de los derechos audiovisuales de los clubes españoles durante los próximos 50 años. A cambio los clubes han recibido 1.994 millones de € que suponen un alivio para las arcas de los clubes después del duro golpe a nivel de ingresos sufrido por la pandemia Covid-19 (Moñino, 2021).

Con el acuerdo, anunciado en el verano de 2021, cada club recibirá una cantidad dependiendo del resultado deportivo en las últimas 7 temporadas. El Atlético de Madrid será el más beneficiado, recibiendo 192,2 millones de € ya que ni Real Madrid CF, FC Barcelona ni Athletic Club de Bilbao han aceptado el acuerdo.

Los clubes se comprometen a gastar ese dinero en función de un criterio establecido por LaLiga y el fondo CVC: el 70% deben destinarlo a infraestructuras, patrimonio o estructura. El 15% para fichajes y refuerzo deportivo y el 15% restante para pagar deuda (Giraldo, 2021).

A finales de 2022, y con la sombra de la Superliga, el acuerdo se tambalea ya que los tres clubes que no han aceptado el fondo intentan eliminar una enmienda en la nueva Ley del Deporte por la que no se garantizaría la seguridad jurídica de la comercialización conjunta de los activos de los clubes de Primera y Segunda División entre los que se encuentran como no, los derechos de TV.

Con el beneplácito del PSOE y PP, la nueva Ley que está pendiente de aprobarse en el congreso beneficiaría tanto a Real Madrid como FC. Barcelona, que prefieren comercializar de forma individualizada los derechos de TV, ya que como hemos visto en la evolución histórica, obtendrían mayores ingresos en detrimento de una competición más igualada (Marco, 2022).

Ante esta situación, el resto de los clubes españoles se plantean realizar una huelga y paralizar la competición con el agravante de la falta de fechas libres para recuperar esas jornadas en el futuro por la masificación del calendario y la disputa, por primera vez, en plena competición liguera, del Mundial de Qatar.

4.6.7 Caso del FC Barcelona en 2021.

Según Javier Gómez, CEO de la Liga, a 30 de junio de 2021, la deuda financiera del Barça ascendía a 875 millones de euros y el límite salarial era de -144 millones de € (Sport, 2022).

Las cifras, cuanto menos eran preocupantes y algún que otro medio aseguraba que el club estaba en bancarrota. Sin embargo, un año más tarde, el club tenía un límite salarial de 656 millones de € y realizó un desembolso en fichajes de 153 millones de €.

Para poder explicar y comprender como se llega a esta situación, hay que remontarse unos años atrás.

En el verano de 2017, una de sus estrellas, Neymar abandonó el club para fichar por el PSG a cambio de unos 222 millones de € correspondientes a la cláusula de rescisión del contrato del jugador, una cifra desorbitada hasta la fecha. Para convencer al brasileño, además de un proyecto deportivo, el club francés le ofreció unos 30 millones de € por temporada convirtiéndose así en el jugador mejor pagado en ese momento (Corpas, 2017).

El miedo de la junta directiva y de la dirección deportiva de que algo así volviese a ocurrir con otra de sus estrellas y el ego de los propios jugadores del club que veían como otros clubes pagaban salarios más elevados a sus jugadores, propició el comienzo en el FC Barcelona de una rueda de renovaciones de contratos de los jugadores más importantes de la plantilla que aumentaban considerablemente sus salarios.

A esta cifra hay que añadir la amortización de los fichajes realizados lo que disparó tanto en ese verano como en los siguientes los gastos del club.

Además, después de recibir la cantidad más alta hasta ese momento por un traspaso, la inflación aumentó considerablemente puesto que los demás clubes sabían que el FC. Barcelona tenía dinero y la presión mediática obligaba al club a fichar para mantener su prestigio.

Así, el mercado de fichajes del FC. Barcelona en la temporada 17/18 fue el siguiente:

Tabla 16

Mercado de fichajes del FC. Barcelona en la temporada 2017/2018

Mercado de Fichajes FC Barcelona 2017/2018					
Fichajes			Ventas		
Jugador	Club	Cantidad de traspaso	Jugador	Club	Cantidad de traspaso
Ousmane Dembelé	BORUSSIA DORTMUND	140 millones de €	Neymar	PARIS SAINT-GERMAIN	222 millones de €
Philippe Coutinho	LIVERPOOL FC	135 millones de €	Javier Mascherano	HEBEI FC	5,50 millones de €
Paulinho	GUANGZHOU FC	40 millones de €	Cristian Tello	REAL BETIS	4 millones de €
Nelson Semedo	SL BENFICA	35,70 millones de €	Gerard Deulofeu	WATFORD FC	Préstamo 1 millones de €
Yerry Mina	SE PALMEIRAS	12,40 millones de €	Arda Turan	BASAKSEHIR FK	Préstamo
Gerard Deulofeu	EVERTON FC	12 millones de €	Jérémy Mathieu	SPORTING DE LISBOA	Libre
Marlon	FLUMINENSE FC	5 millones de €	Jordi Masip	REAL VALLADOLID	Libre
			Rafinha	INTER DE MILÁN	Préstamo
			Sergi Samper	UD LAS PALMAS	Préstamo
			Marlon	OGC NIZA	Préstamo
			Douglas	SL BENFICA	Préstamo
			Munir	DEP. ALAVÉS	Préstamo
Total		380,1 millones de €	Total		232,50 millones de €

Fuente: Elaboración propia a partir de los datos de transfermarkt

Como se puede ver en la tabla a pesar de recibir 222 millones de € por el traspaso de Neymar, el FC Barcelona tuvo un balance en fichajes negativo de 147,6 millones de € en esa temporada.

Pero lo verdaderamente preocupante y que hipotecó al club en el futuro fue el gran aumento de la masa salarial de la plantilla que unido a la amortización de los fichajes realizados aumentó de manera considerable el gasto.

Gráfica 10

Evolución de la masa salarial y del gasto en salarios + amortizaciones del FC. Barcelona

Fuente: Elaboración propia a partir de los datos de las memorias anuales del FC. Barcelona

Como se observa en la gráfica, a partir de la temporada 2017/2018, el FC. Barcelona aumenta considerablemente su gasto en salarios de la plantilla y en amortizaciones de fichajes.

El aumento de los ingresos por los derechos de TV y el marketing sostenían esos gastos, pero la pandemia del Covid-19 hizo que los ingresos disminuyeran considerablemente y el club obtuviera unas pérdidas de 97 y 481 millones de € en las temporadas 19/20 y 20/21 respectivamente (Ferrer, 2021).

Gráfica 11

Evolución de los ingresos de explotación del FC. Barcelona

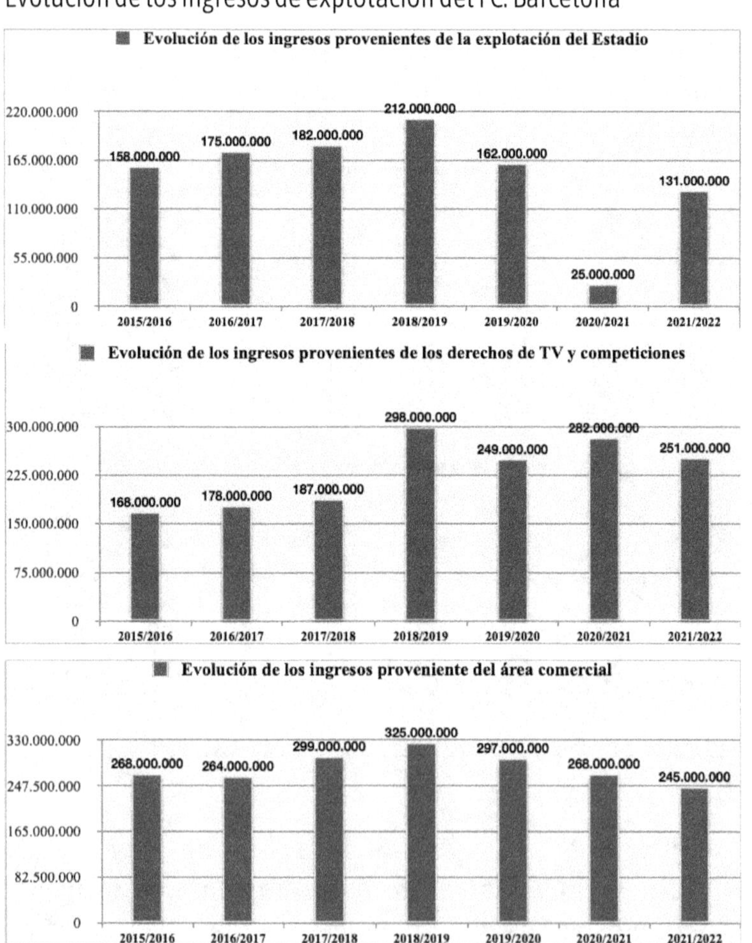

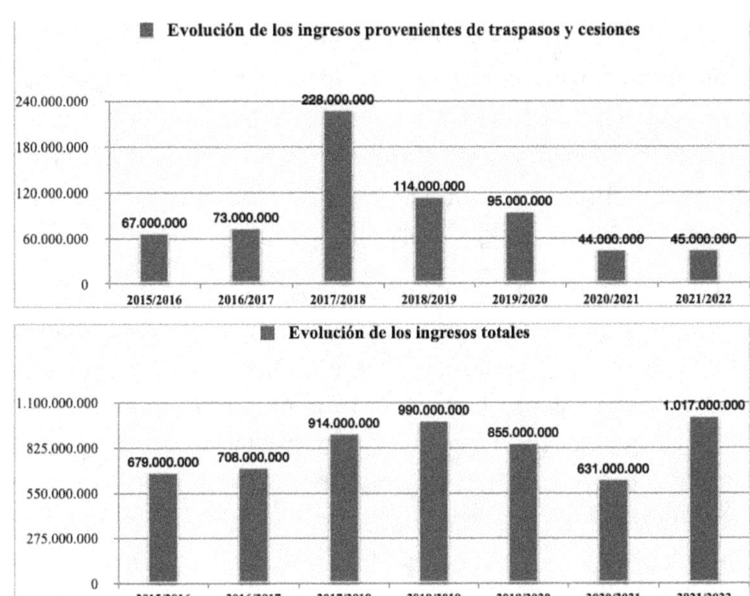

Fuente: Elaboración propia a partir de los datos de las memorias anuales del FC. Barcelona

Ante esta situación y con el límite salarial ampliamente excedido, el club decidió en el verano de 2022 activar las llamadas "palancas financieras", que no son más que la venta a un fondo de inversión de una parte de futuros ingresos, generando en el club un ingreso inmediato que permite salvar un ejercicio y aumentar el límite salarial.

Así, como se puede apreciar en la última gráfica, en la temporada 2021/2022 se produce la mayor cantidad de ingresos totales en la historia del club, y eso que sólo hay contabilizada la venta del 10% de los derechos de TV correspondiente a la primera palanca activada. Eso sí, hipotecando ingresos futuros y con una arriesgada apuesta de utilización de esos fondos en fichajes y aumento del gasto salarial para intentar conseguir unos buenos resultados deportivos y que estos, se conviertan en grandes ingresos.

Precisamente esos malos resultados deportivos en temporadas anteriores, sobre todo en Champions League, privó al club de ingresar una cantidad elevada de premios y derechos televisivos. Esto también repercutió en la imagen y en el prestigio del club, lo que se traduce en menores ingresos por marketing y merchandising.

La directiva con Laporta a la cabeza, lejos de reducir el gasto y optar por hacer un proyecto restrictivo en fichajes y valerse de la cantera que tantos éxitos le ha dado al club, optó por un proyecto deportivo ambicioso, y ya, sin Messi, que en el verano anterior tuvo que marcharse por no poder llevarse a cabo su renovación, fichó a Raphinha, Koundé, Lewandowski, Kessié, Christensen, Bellerín y Marcos Alonso, con un gasto total de 153 millones de Euros y con el consiguiente aumento en la masa salarial.

Las palancas financieras activadas por el FC. Barcelona en el verano de 2022 fueron las siguientes:

Tabla 17
Palancas FC. Barcelona

Palancas Financieras Activadas por el FC. Barcelona en el verano de 2022		
Concepto	Socio	Cantidad ingresada
10% derechos de TV	Sixth Street	207,5 millones de €
15 % derechos de TV	Sixth Street	320 millones de €
24,5% Barca Studios	socios.com	100 millones de €
24,5% Barca Studios	Orpheus Media	100 millones de €
Total		727,5 millones de €

Fuente: Elaboración propia a partir de los datos de (Álvarez, 2022)

A la fecha de la finalización de este libro, el FC. Barcelona se encuentra eliminado de la Champions League, siendo tercero de su grupo y pasando a jugar la Europa League, competición que como se ha podido comprobar les genera un menor número de ingresos. Ante esta situación y con la apuesta anteriormente comentada del club por ser ambicioso en lo deportivo para conseguir resultados, queda comprometida más si cabe la economía del club y los cantos de sirena de conversión en sociedad anónima deportiva comienzan a resonar con fuerza.

4.6.8 Impacto Socioeconómico

A lo largo de este libro, se ha podido comprobar que el fútbol, como actividad económica, ha seguido una continua evolución. En la actualidad podemos decir que se ha convertido en una de las industrias más importantes del país.

En la temporada 2016/2017 el futbol profesional generó en España un impacto en la economía equivalente al 1,37% del PIB, creando alrededor de 185.000 puestos de trabajo y una actividad económica de 15.688 millones de € (LFP, 2018).

Para poder hacerse una idea, estas cifras corresponden al 48% de la actividad económica del sector de las telecomunicaciones, a 1,4 veces el volumen de ingresos del transporte aéreo o al 0,98% de personas ocupadas en España en 2016 (LFP, 2018).

Estos beneficios del fútbol trascienden a los propios clubes y aficionados. La Liga genera una actividad económica adicional en múltiples sectores, como los medios de comunicación, el turismo, la hostelería, el transporte o los videojuegos, que de otra forma no existiría. Es el denominado impacto tractor (LFP, 2018).

Gráfica 12

Desglose del impacto tractor generado por La Liga en la temporada 2016/2017

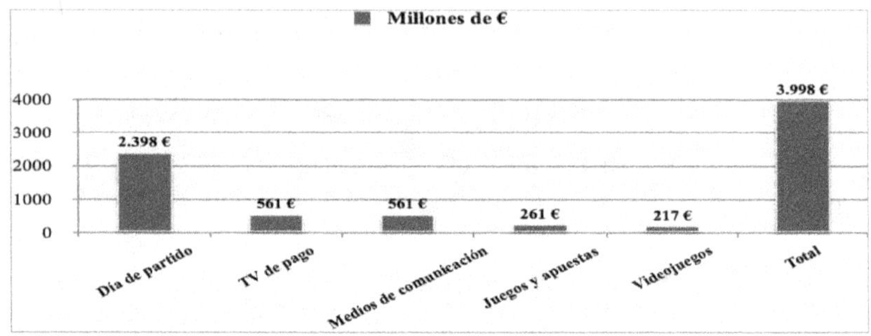

Fuente: elaboración propia a partir del informe impacto socioeconómico de La Liga 2016/2017

Hay que destacar que en el día de partido se ven afectados de manera positiva la hostelería, restauración, alojamientos y transportes.

- Por cada Euro de ingresos de La Liga, se generaron 4,2€ adicionales en el resto de la economía.
- Por cada empleo generado por La Liga, se crearon alrededor de 4 empleos en España.

Gráfica 13

Contribución tributaria del futbol profesional por tipo de impuesto (M€) en la temporada 2016/2017

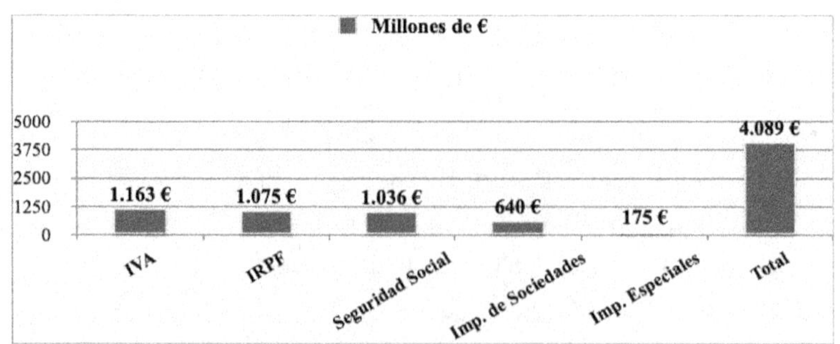

Fuente: elaboración propia a partir del informe impacto socioeconómico de La Liga 2016/2017

Como se observa en la gráfica, el futbol profesional contribuyó a la recaudación 4.089 millones de € en concepto de impuestos en España.

Para hacerse una idea de la cifra de recaudación y en consecuencia del aporte a la fiscalidad, se puede hacer alguna comparación.

La cifra de recaudación es 2,7 veces el gasto destinado a Política Exterior o a 4,7 veces el gasto para Comercio, Turismo y Pymes en los Presupuestos Generales del Estado de 2017 (LFP, 2018).

Además del aspecto económico, la influencia social del fútbol profesional, es una herramienta idónea para la transmisión de valores, el refuerzo de los vínculos comunitarios y el sentimiento de pertenencia, y la promoción del deporte y las actividades lúdicas saludables (LFP, 2018).

El fútbol español es, además, por su relevancia internacional, un elemento clave en la promoción exterior de España, siendo sus equipos de fútbol referentes mundiales que contribuyen de forma positiva al desarrollo y mantenimiento de la Marca España (LFP, 2018).

4.6.9 Fuentes de ingresos y gastos de los clubes. Modelo económico

A nivel general, los ingresos y los gastos de los clubes no han parado de aumentar desde el 2010 hasta la actualidad. Si bien, no todos los sectores han tenido la misma evolución por lo que la importancia de cada partida dentro de la economía de los clubes, ha cambiado.

En la anterior década, se vio como los grandes clubes empezaban a diferenciarse del resto por sus altos ingresos en derechos de TV y por el inicio de la comercialización, la publicidad, giras veraniegas y grandes patrocinios dado su poder mediático.

En la actualidad, en los grandes clubes, el marketing y la comercialización, han adelantado incluso a los derechos de TV en volumen de ingresos por lo que existe una gran diferencia entre el modelo económico de un gran club a otro de un perfil más bajo. Además, estos clubes, obtienen grandes ingresos por participación en competiciones europeas, aumentando así la conveniencia de esa diferenciación.

Por esto, se añade al análisis un club histórico como el Athletic Club, que siempre ha estado en Primera División y con un gran palmarés, pero que en la actualidad tiene menos repercusión mediática que el Real Madrid CF.

Gráfica 14

Comparativa entre los ingresos de explotación entre el Real Madrid CF y el Athletic Club de Bilbao

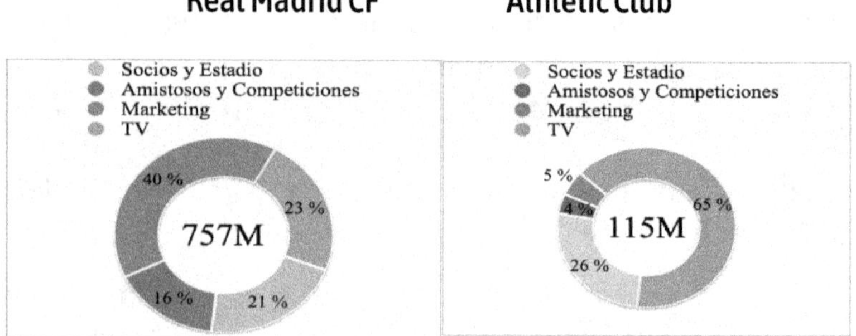

Temporada 2018/2019

Fuente: Elaboración propia a partid de cuentas anuales del Real Madrid CF y del Athletic Club de Bilbao

Se debe indicar, que no se ha tenido en cuenta los ingresos por traspasos, ya que puede variar mucho de una temporada a otra y contaminaría los porcentajes.

Se puede observar la importancia que tiene cada sector en cada uno de los clubes analizados.

Podemos afirmar que hay un cambio importante en el modelo económico de los grandes clubes ya que los ingresos por marketing, publicidad y patrocinios han superado al de los Derechos de TV.

Si bien en la evolución de los ingresos, hay diferencias entre los clubes, en los gastos son similares. Dentro del presupuesto de cada club, el gasto en diferentes partidas tiene similares porcentajes. Esto es debido al control normativo y legislativo que hay tal y como hemos visto por parte de los estamentos.

Gráfica 15

Distribución de gastos totales de todos los clubes de 1ª División en la temporada 2019/2020

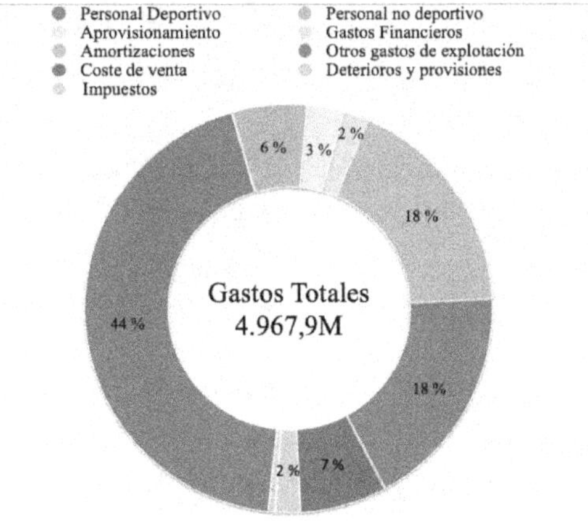

Temporada 2019/2020

Fuente: Elaboración propia a partir de los datos del informe económico-financiero de la LFP 2020

Se puede observar como el principal gasto de los clubes sigue siendo el salario de los jugadores y personal deportivo. En la gráfica 13 se puede corroborar el importante proceso de profesionalización de los clubes en la última década, en el dato porcentual de gastos en salarios de personal no deportivo.

Tabla 18
Modelo económico de **clubes medianos y pequeños** en la actualidad

Objetivo principal: Obtener el mejor resultado deportivo posible, generar ingresos y disminuir deuda			
Método: Control de gastos, fichajes comedidos, sueldos limitados por limite salarial			
Consecuencia: Ingresos > Gastos en Salarios (Limite salarial) = Disminución deuda pública			
Principales Ingresos	**Principales Gastos**	**Principales limitaciones**	**Obtención de liquidez**
1. Derechos de TV	1. Personal deportivo	1. Audiencia TV	1. Fondos propios
2. Abonos y matchday	2. Amortización fichajes	2. Rendimiento Deportivo	
3. Marketing	3. Gastos corrientes	3. Capacidad del Estadio	
4. Competiciones	4. Coste venta fichajes	4. Repercusión	
	5. Personal no deportivo		

Fuente: Elaboración propia

Podemos ver como para los clubes pequeños y medianos, la principal fuente de ingresos sigue siendo los derechos de TV. Como se ha visto con anterioridad, debido a la venta conjunta de los derechos de TV, en el acuerdo se distribuía un porcentaje según la clasificación que obtuviese cada equipo por lo que ese rendimiento deportivo será un limitante a la hora de obtener mayores ingresos. También lo es el difícil acceso que tienen a competiciones europeas, ya que, la diferencia de presupuesto con los grandes clubes es abismal.

Tabla 19

Modelo económico de **grandes clubes** en la actualidad

Objetivo principal:			
Obtener el mejor resultado deportivo posible, generar ingresos			
Método:			
Fichando a los mejores jugadores con ayuda de fondos de inversión y pagando sueldos muy elevados. Generar audiencia y popularidad para obtener altos ingresos			
Consecuencia:			
Ingresos > Gastos en Salarios (Limite salarial) = Disminución deuda pública Financiación a través de fondos de inversión = Aumento deuda privada			
Principales Ingresos	**Principales Gastos**	**Principales limitaciones**	**Obtención de liquidez**
1. Marketing	1. Personal deportivo	1. Repercusión	1. Fondos de inversión
2. Derechos TV	2. Amortización fichajes	2. Rendimiento deportivo	2. Bancos
3. Abonos y matchday	3. Gastos corrientes	3. Audiencia TV	
4. Competiciones	4. Coste venta fichajes	4. Capacidad del Estadio	
	5. Personal no deportivo		

Fuente: Elaboración propia

En los grandes clubes, los ingresos por marketing superan ya a los derechos de TV. Como se ha visto, los grandes clubes se oponen a la comercialización conjunta de los derechos de TV, ya que creen que podrían generar más ingresos si lo comercializan de forma individual. Llama también la atención como estos clubes puede obtener liquidez utilizando los fondos de inversión, como es el caso del FC. Barcelona.

5. CONCLUSIONES

A lo largo de este libro, se ha podido comprobar la importancia que tiene el fútbol en nuestra sociedad. El fútbol ha evolucionado en estas últimas décadas, cobrando una gran importancia en el ámbito económico. Esta evolución ha sido consecuencia de la enorme profesionalización que el fútbol ha tenido desde los años 90. El enorme interés despertado por la sociedad en este deporte, fue visto por empresarios y gobiernos como una gran oportunidad de negocio y de generar ingresos. Paradójicamente, a medida que aumentaba el volumen de ingresos en el fútbol español, también lo hacían las deudas de sus clubes. El poco control económico y la ambición desmedida de dirigentes en busca de triunfos, hizo que las deudas contraídas principalmente con la Administración, se convirtieran en una losa para el país a finales de los 90.

Ante esta situación, se dio el primer paso y quizá el más importante en la historia para la profesionalización de los clubes, ya que transformaría para siempre su funcionamiento. Con la Ley 10/1990, de 15 de octubre, del Deporte el Gobierno Central junto con el Consejo Superior de Deportes y la Liga de Fútbol Profesional, obliga a los clubes a convertirse en Sociedades Anónimas Deportivas para un mayor control económico-financiero, a cambio de una serie de medidas que posibilitaron mayores ingresos para sanear las deudas. Todos los clubes, salvo Real Madrid CF, FC. Barcelona, Athletic Club de Bilbao y Club Atlético Osasuna que presentaban cuentas saneadas, accedieron y a partir de ahí empezaron a funcionar como empresas.

Este cambio en el funcionamiento, junto con el aumento de los ingresos por los derechos televisivos y el desarrollo de la comercialización de los clubes como productos que consumir, han posibilitado los cambios en los modelos económicos.

Así, se ha pasado de un modelo sencillo en los 90 con pocos empleados y estructuras no profesionalizadas, donde los aficionados eran parte esencial en la economía de los clubes ya que su abono representaba la principal fuente de ingresos, a un modelo complejo, con empleados profesionalizados en distintas áreas y donde los derechos de televisión y el marketing han desbancado en importancia económica a los aficionados.

Se debe diferenciar entre los grandes clubes donde los ingresos por marketing ya han superado al de los derechos televisivos, puesto que se han convertido en auténticas multinacionales, y el resto de los clubes, donde los derechos televisivos siguen siendo su principal fuente de ingresos debido a que su repercusión es mucho menor.

El aumento de los derechos de TV ha sido exponencial en estas tres décadas, pasando de los 40 millones de euros en la temporada 1990/1991 a los 1444,7 en la temporada 2020/2021, siendo la venta conjunta impuesta por Real Decreto-Ley 5/2015 en la temporada 2016/2017, una medida importante para intentar de paliar la gran desigualdad creada entre el Real Madrid CF y el FC. Barcelona y el resto por la venta individualizada.

Cabe destacar el crucial papel que ha tenido la globalización en el desarrollo económico de los clubes, abriendo nuevas vías de negocio y facilitando la expansión, tanto de las competiciones como de la imagen de jugadores y clubes o SAD. Esta expansión ha convertido al fútbol en una verdadera industria.

Por tanto, el peso del fútbol en la economía del país es relevante, la creación de empleo directo e indirecto aumenta cada año, necesitando los clubes, SAD y organismos, de profesionales más cualificados y especializados. Cada partido o competición genera un gran impacto en la ciudad beneficiándose así multitud de servicios y negocios complementarios.

En los últimos años, los estamentos que rigen el fútbol tanto a nivel nacional como a nivel europeo, han intentado tener un mayor control de las finanzas de los clubes, creando normas restrictivas en cuanto al gasto que son de obligado cumplimiento como el Fair Play Financiero y el Límite Salarial. Con esto se intenta poner en valor la ejemplaridad de los clubes, en cuanto al control de sus finanzas y la aplicación un modelo económico sólido y bien estructurado.

6. REFERENCIAS

Aguilar, F., Adeliño, A. y Carretero, A. (2017). La guerra del fútbol: regulación, adquisición y explotación de los derechos para las retransmisiones televisivas del fútbol en España, desde la llegada de la tv privada hasta hoy. Derecom, 22, 01-20.

Alcaide, F. (2009). Futbol. Fenómeno de fenómenos. LID Editorial.

Alcolea, G. y García, J. V. (2019). Los derechos audiovisuales del fútbol en España en la era digital. Entre la televisión de pago y el streaming. Revista Latina de Comunicación Social, 74 (3), 418-433

Alvarez, A (17 de septiembre de 2022). El dinero real que ha recaudado el Barca con las palancas. Palco, Culémania. https://www.culemania.com/palco/dinero-real-ha-recaudado-barca-con-palancas_719129_102.html

Ayora, D. y García, E. (2004). Organización de Eventos Deportivos. Editorial Inde.

Bonaut, J. (2010). El eterno problema del fútbol televisado en España: una perspectiva histórica de la lucha por los derechos de retransmisión de la Liga de Fútbol Profesional (LFP). Comunicación y Sociedad, 23 (2), 71-96.

Canibe, A. (20 de octubre de 2020). ¿Cuánto dinero ganan los equipos en la Champions League? Diario AS. https://as.com/futbol/2020/10/20/champions/1603201508336231.html.

Cappa, A. (1996). La intimidad del fútbol. Grandes y miserias, juego y entorno. Editorial Gakoa.

Castellanos, P. y Sanchez, J.M. (2007). The economic value of a sports club for a city: empirical evidence from the case of a Spanish football team. Urban Public Economics Review, 7, 13-38.

Consejo Superior de Deportes, (2018). Balance de la situación económico-financiera del fútbol español 1999/2018. https://www.csd.gob.es/sites/default/files/media/files/2019-05/BALANCE%20SITUACIÓN%20FÚTBOL%201999-2018.pdf.

Consejo Superior de Deportes (2022). Balance de la situación económico-financiera del fútbol español 1999/2021. http://www.csd.gob.es/sites/default/files/media/files/2022-05/Balance%20situación%20FÚTBOL%201999-2021.pdf.

Corpas, A (3 de agosto de 2017). Neymar firma cinco años con el PSG y ya es el fichaje más caro de siempre: "Le llevé la contraria a mi papá". Diario El Mundo. https://www.elmundo.es/deportes/futbol/2017/08/03/59835203468aebb27b8b46cc.html

Cuentas Anuales Athletic Club, (2019). Balance de situación. https://cms.athletic-club.eus/uploads/2019/12/Cuentas19.pdf

Cuentas Anuales Real Madrid CF, (2019). Informe económico 2018/2019. https://www.realmadrid.com/media/document/Informe-Economico-2018-2019-Informe-Auditoria.pdf.

Decisión (UE) 2016/2391 de la Comisión de 4 de Julio de 2016 relativa a la ayuda estatal concedida por España a determinados clubes de fútbol. Diario Oficial de la Unión Europea. BOE (2016). 357/1. https://www.boe.es/doue/2016/357/L00001-00016.pdf

Delfín, J. (2011). Los derechos de imagen de jugadores de alto nivel en el fútbol. Incidencia de los cambios de fiscalidad. Barajas, A., Fraiz, J.A. y Sánchez, P. Economía del deporte en el siglo XXI: una visión plural. (89-91). Editorial Nacher Publicidad.

Delgado, A. (2017). ¿Es la SAD la forma jurídica apropiada para los Clubes de fútbol actuales?. El notario del siglo XXI, 102.

Deloitte. (2010). Spanish Masters. Football Money League 2010. https://www2.deloitte.com/content/dam/Deloitte/global/Documents/Audit/gx-deloitte-football-money-league-2010.pdf.

Deloitte, (2022). Los clubes más ricos del mundo. Football Money League 2022. https://www2.deloitte.com/es/es/pages/technology-media-and-telecommunications/articles/ranking-clubes-futbol-mas-ricos.html.

Diario Sport, (8 de diciembre de 2021). ¿Cuánto dinero se puede llevar el campeón de la Europa League? https://www.sport.es/es/noticias/europa-league/dinero-clubes-europa-league-12953838.

Diario Sport, (9 de Septiembre de 2022). El Barca pasa de -144 millones de límite salarial a 656. https://www.sport.es/es/noticias/barca/barca-pasa-144-millones-limite-75232518

Diaz, J.A. (2012). Derechos de retransmisión del fútbol en España. eXtoikos, 6, 99-103.

Diaz, R. (2019). Impacto del modelo de venta centralizado de los derechos audiovisuales de la liga. Universidad Pontificia Comillas. Facultad de empresariales. https://repositorio.comillas.edu/rest/bitstreams/272535/retrieve.

Dupont, G., Akakpo, K. y Berthoin, S. (2004). The effect of in-season, high-intensity interval training in soccer players. Journal of Strength and Conditioning Research, 18(3), 584-589

Espejo-Saavedra, J. L. y Algarra, A. (2002). Elaboración de un modelo de impacto del fútbol profesional sobre la economía española. Universidad CEU San Pablo. http://io1.shaio.es/PAP_IOJ1_esic_ceu_espe_alga.pdf.

Eworo, E. (2018). El impacto del futbol en la economía española. UIB Repositori. http://hdl.handle.net/11201/148580.

Fernández, A. (2018). Efectos de la aplicación del Fair Play financiero en el fútbol español. http://hdl.handle.net/11531/18644.

Ferrer, A. (17 de octubre de 2021). La asamblea del FC. Barcelona aprueba las pérdidas de 481 millones en 2020/2021. Palco23. https://www.palco23.com/clubes/la-asamblea-del-fc-barcelona-aprueba-las-perdidas-de-481-millones-en-2020-2021

García, C., Gómez, M. y Durán, J. (2016). Los planes de saneamiento y l conversión de los clubes profesionales en sociedades anónimas deportivas (1982-1992). Materiales para la Historia de Deporte, 14.

García, J. F. (2013). Las deudas del fútbol español. eXtoikos, 11. http://www.extoikos.es/n11/pdf/9.pdf.

García, J.V. y Alcolea, G. (2011). Los derechos audiovisuales de retransmisiones deportivas y su repercusión en el mercado televisivo español. Razón y palabra, 77 https://www.redalyc.org/articulo.oa?id=199520010060.

García-Lago, A. (2020). Impacto de la liga profesional de fútbol en el conjunto de la economía española. Repositorio Institucional de la Universidad de Cantabria. http://hdl.handle.net/10902/20577

García, M. (1990). Aspectos sociales del deporte. Una reflexión sociológica. Editorial Alianza Deporte.

Gay de Liébana, J.M. (2009). Futbol y Finanza. La economía de la Liga de las estrellas. Radiografía patrimonial y financiera del futbol español (Temporada 2006/2007). Partida doble, 209, 62-89.

Gay de Liébana, J.M. (2016). La gran burbuja del fútbol. Los modelos de negocio que oculta el deporte más importante del mundo. Editorial Conecta.

Gil, A. (2018). El modelo económico del fútbol en España. Caso del Atlético de Madrid. http://hdl.handle.net/11531/18643.

Gil, S. (2002). Fútbol y migraciones. La Sentencia Bosman en el proceso de construcción de la Europa comunitaria (crónicas desde España). Migraciones Internacionales, 1 (3).

Gilart, O. (2021). La crisis económica de los clubes de fútbol. De la financiación al concurso de acreedores. Revista práctica de derecho, 249.

Ginesta, X. (2011). El fútbol y el negocio del entretenimiento global. Los clubes como multinacionales del ocio. Comunicación y Sociedad, 24 (1), 141-166.

Giraldo, J. (2021). El 'no' del Barça a CVC supone renunciar a 270 millones de euros. Diario Sport, 9 de septiembre de 2021. https://www.sport.es/es/noticias/barca/barca-cvc-supone-renunciar-270-12058674.

Goal (11 de febrero de 2021). Mundial de Clubes: ¿Cuánto dinero gana el campeón? El millonario premio para Bayern Múnich. https://www.goal.com/es/noticias/mundial-de-clubes-cuanto-dinero-campeon/1dm53l5yoi0ue1osk4ir4t896h.

Gómez, S y Opazo, M. (2007). Características estructurales de las organizaciones deportivas. Documento de Investigación, (704).

Gómez, S. y Opazo, M. (2008). Características estructurales de un club de fútbol profesional de élite. Documento de Investigación, 2 (705).

Havelange, J. (1994). La crónica de Galeano sobre Joao Havelange, el exjerarca que mercantilizó el fútbol. El Desconcierto, (16 de agosto 2016). https://www.eldesconcierto.cl/internacional/2016/08/16/la-cronica-de-galeano-sobre-joao-havelange-el-exjerarca-de-la-fifa-que-mercantilizo-el-futbol.html

Ibarrola, D. (2018). Una lectura acerca de la historia del fútbol español: de los comienzos al régimen de Franco. Question, 1(59), e083. doi:https://doi.org/10.24215/16696581e083.

Jodorowsky, A. (2009) citado en Fútbol. Fenómeno de fenómenos. (Alcaide, 2009) LID Editorial.

LaLiga (2018). Impacto económico, fiscal y social del fútbol profesional en España. Diciembre 2018. https://files.laliga.es/201902/28181426impacto-econ--mico--fiscal-y-social-del-f--tbol-pr.pdf.

LaLiga (2020). Informe económico-financiero 2020. https://assets.laliga.com/assets/2021/06/22/originals/389041e624bc21eb1badba5044a7b620.pdf.

LaLiga (2022). Límite de coste de plantilla deportiva temporada 2021/2022. https://www.laliga.com/transparencia/gestion-economica/limite-coste-plantilla.

La Razón (12 de enero de 2022). Las cuentas de la Supercopa: la millonada que se llevan Barca y Real Madrid sólo por participar.https://www.larazon.es/deportes/futbol/20220112/3oylw4fvn5esdgtitvk2nlugsi.html

Laseca, J. (2017). La importancia de los ingresos de televisión en el modelo de negocio de los clubes de fútbol. http://uvadoc.uva.es/handle/10324/28653.

Ley 10/1990, de 15 de octubre, del Deporte. BOE núm.. 89 (1990). https://www.boe.es/buscar/act.php?id=BOE-A-1990-25037

Ley 13/1980, de 31 de Marzo, General de la Cultura Física y del Deporte. BOE num. 89 (1980). https://www.boe.es/eli/es/l/1980/03/31/13.

Ley 19/2013, de 9 de diciembre, de transparencia, acceso a la información pública y buen gobierno. https://www.boe.es/eli/es/l/2013/12/09/19/con

Llopis, R. (s.f). Claves etnoterritoriales de la historia del fútbol español. Recuperado de www.cafyd.com/HistDeporte/htm/pdf/2-24.pdf.

Martialay, F. (1996). La implantación del profesionalismo en el fútbol español y el nacimiento accidentado del torneo de liga. Editorial Real Federación Española de Fútbol, Gabinete de prensa, D.L.

Martín, J. (2016). Análisis del impacto del concepto de juego limpio financiero en el modelo económico y competitivo del fútbol profesional: el caso de la primera división de la Liga Española y su comparación con la Premier League inglesa. Repositorio Comillas. http://hdl.handle.net/11531/15583.

Melgarejo, J. C. (2019). Explotación económica de los derechos de imagen en el fútbol. Repositorio de Trabajos Académicos de la Universidad de Jaén. https://hdl.handle.net/10953.1/10692.

Marco, A (13 de Octubre de 2022). La Ley impulsada por PP y PSOE pone en jaque los 2.000M de CVC para LaLiga. El Confidencial. https://www.elconfidencial.com/empresas/2022-10-13/psoe-y-pp-pactan-una-ley-que-dinamita-los-2-000-m-de-cvc-a-la-liga-en-beneficio-del-madrid_3504887/

Matilla, A. (31 de marzo de 2016). LaLiga se sanea con el dinero de la televisión: consulta aquí lo que cobra tu equipo. Diario AS. https://as.com/futbol/2016/03/31/primera/1459386002_989415.html

Memoria Anual FC.Barcelona. (2004). Memoria anual FC. Barcelona temporada 2003/2004. https://platform-static-files.s3.amazonaws.com/HawkEye/document/2018/08/23/9923fef0-5396-42fa-b6db-5d3e63494e55/ES_2003-04.pdf.

Memoria Anual FC. Barcelona. (2016). Memoria anual FC. Barcelona temporada 2015/2016.https://platform-static-files.s3.amazonaws.com/HawkEye/document/2018/08/23/3441fdf7-2b6c-46ff-a42b-c3e252f49b4d/ES_2015-16.pdf

Memoria Anual FC. Barcelona. (2017). Memoria anual FC. Barcelona temporada 2016/2017.https://platform-static-files.s3.amazonaws.com/HawkEye/document/2018/08/23/3a14b3f8-b2e5-4402-872b-afec1de10069/ES_2016-17.pdf

Memoria Anual FC. Barcelona. (2018). Memoria anual FC. Barcelona temporada 2017/2018.https://fcbarcelona-static-files.s3.amazonaws.com/fcbarcelona/document/2019/01/09/a7e30fb3-19e4-4bb6-8a78-1b957bb25065/MEMORIA_CLUB_2017_18_CAS-opti.pdf

Memoria Anual FC. Barcelona. (2020). Memoria anual FC. Barcelona temporada 2019/2020.https://www.fcbarcelona.com/fcbarcelona/document/2021/06/20/089b7b83-2e66-4f95-9caa-e80580208ec7/Libro-Memoria_CAS_compressed.pdf?_ga=2.61069228.125386883.1667463297-308670617.1667463297&_gl=1*1rp3mx8*_ga*MzA4NjcwNjE3LjE2Njc0NjMyOTc.*_ga_XCQ7B6K8TL*MTY2NzQ2MzI5Ny4xLjEuMTY2NzQ2MzYyNS4wLjAuMA..

Memoria Anual FC. Barcelona. (2021). Memoria anual FC. Barcelona temporada 2020/2021.https://www.fcbarcelona.com/fcbarcelona/document/2021/10/17/78f45cd3-26f0-45cf-bbef-7c9330630009/MEM_CLUB_2020_21_CAS.pdf?_ga=2.57857066.125386883.1667463297-308670617.1667463297&_gl=1*d9gdbv*_ga*MzA4NjcwNjE3LjE2Njc0NjMyOTc.*_ga_XCQ7B6K8TL*MTY2NzQ2MzI5Ny4xLjEuMTY2NzQ2MzYzMy4wLjAuMA..

Memoria Anual FC. Barcelona. (2022). Memoria anual FC. Barcelona temporada 2021/2022.https://www.fcbarcelona.com/fcbarcelona/document/2022/10/10/84ba2af9-a6c4-447e-94e2-dc90f718b1a3/Memoria_club_CAST.pdf?_ga=2.57857066.125386883.1667463297-308670617.1667463297&_gl=1*pa5ut*_ga*MzA4NjcwNjE3LjE2Njc0NjMyOTc.*_ga_XCQ7B6K8TL*MTY2NzQ2MzI5Ny4xLjEuMTY2NzQ2MzY2MC4wLjAuMA..

Merino, A. (2020). Las confederaciones internacionales de fútbol. https://elordenmundial.com/mapas-y-graficos/confederaciones-internacionales-futbol-fifa/.

Nieto, A. (2016). La tributación de los derechos de imagen en el deporte. Zaguan. Repositorio Institucional de Documentos.

https://zaguan.unizar.es/record/59015/files/TAZ-TFG-2016-4029.pdf

Moñino, L, J. (10 diciembre de 2021). Los clubes españoles de fútbol aprueban el pacto con el fondo CVC. Diario El País. https://elpais.com/deportes/2021-12-10/los-clubes-espanoles-de-futbol-aprueban-el-pacto-con-el-fondo-cvc.html

Palco23, (21 de junio de 2021). Más 'mochila' en LaLiga: la deuda crece un 12% y llega a 5.678 millones.https://www.palco23.com/competiciones/mas-mochila-en-laliga-la-deuda-crece-un-12-y-llega-a-5678-millones

Palomar, A. y Descalzo, A. (2001). Los derechos de la imagen en el ámbito del deporte profesional: Especial referencia al fútbol. Editorial Dykinson.

Paris, F. (2003). La planificación estratégica en las organizaciones deportivas. Editorial Paidotribo.

Pérez., C. y Torrebadella, X. (2017). La preparación física del Fútbol en España (1899-1930). Revista de Ciencias del Deporte. 13 (2), 113-130.

Pérez, I. (2014). El fútbol y su situación económica en España. Análisis económico- financiero del C.D. Numancia de Soria SAD. http://uvadoc.uva.es/handle/10324/8447

Pérez, J.L. y Cañizares, E. (2016). Los fondos de inversión en el fútbol. Algunos problemas éticos y jurídicos. Recerca, Revista de pensament i anàlisi, 18, 73-88. http://dx.doi.org/10.6035/Recerca.2016.18.5.

Pujadas, X. (2010). La metamorfosis del deporte. Editorial UOC.

Pujadas, X. y Santacana, C. (2001). La mercantilización del ocio deportivo en España. El caso del fútbol, 1900-1928. Historia Social, 41, 147-167. http://www.jstor.org/stable/40340790.

Real Decreto-ley 5/2015, de 30 de abril, de medidas urgentes en relación con la comercialización de los derechos de explotación de contenidos audiovisuales de las competiciones de fútbol profesional. BOE núm. 104 (2015). https://www.boe.es/buscar/doc.php?id=BOE-A-2015-4780

Real Madrid (2022). Informe económico Real Madrid 2020-21.https://www.realmadrid.com/media/document/oas/informe-economico-real-madrid-2020-21.pdf.

Resultados-futbol, (2022). Recuperado el 1 de Mayo de 2022. https://www.resultados-futbol.com.

RFEF, (2022). Real Federación Española de Fútbol. (Recuperado el 1 de Mayo de 2022). https://www.rfef.es/federacion/ligas-comisiones/liga-futbol-profesional.

Rivero, A. (2015). El deporte en el proceso de civilización. La teoría de Nobert Elias y su aplicación a los orígenes deportivos en España. Citius, Altius, Fortius. 8 (1), 105-121.

Rivero, A. y Sanchez, R. (2011). The British Influence in the Birth of Spanish Sport. The International Journal of the History of Sport. 28 (13), 1788-1809.

Rodrigo, V. (2013). Fair Play Financiero y Caso Striani. Revista digital Derecho Deportivo en línea. https://www.dd-el.com/news/fair-play-financiero-y-caso-striani/

Torrebadella, X. y Vicente, M. (2017). En torno a los orígenes del fútbol como deporte escolar en España (1883-1936). De moda recreativa a dispositivo disciplinario. Educación Física y Ciencia, 19 (1), 1-21.

Transfermarkt, (2022). Recuperado el 1 de mayo de 2022. https://www.transfermarkt.es

Unesco, (2015). Carta Internacional de la Educación Física, la Actividad Física y el Deporte. Organización de las Naciones Unidas para la Educación, la Ciencia y la Cultura. (Recuperado el 1 de mayo de 2022). https://unesdoc.unesco.org/ark:/48223/pf0000235409_spa

Uría, R. (2021). Cuánto dinero ganan los clubes por jugar la Champions League, Europa League y Conference League 2021-2022. https://www.goal.com/es/noticias/asi-es-el-reparto-economico-de-la-champions-league-europa-league-/114hfex93g5pu19xzjrq8687j1.

Zamora, I. (2018). Régimen fiscal de las rentas generadas por los derechos de imagen de los futbolistas profesionales en España. Revista de la Facultad de Derecho de México, 68, 231-252. https://repositorio.unam.mx/contenidos/4110832.